ハウリングの音が聴こえる

松村雄策 Yusaku Matsumura

河出書房新社

ハウリングの音が聴こえる

目次

I

II

III

IV

V

装丁　渡辺光子
装画　市村ゆり
編集　米田郷之（ストランド・ブックス）

［編集部註］
＊初出はすべて「小説すばる」（集英社）。
　掲載号は各々の文章の最後に記しました。
＊文中の括弧のうち、〔〕内は編集部による註です。

ハウリングの音が聴こえる

I

コージョライズ

去年〔二〇一三年〕の十一月に、アウト・ゼア・ツアーで、ポール・マッカートニーが日本にやって来た。十一日が大阪で十五日が福岡で、十八日十九日二十一日が東京だった。僕は十八日と二十一日のチケットを手に入れた。十九日も行きたかったのだけど、そうはうまくはいかない。コンサート評の締め切りが二十一日なので、時間を見なければならない。つまり、十八日に行って、十九日二十日で原稿を書けば、二十一日は終了後、長時間酒を飲めることになる。

十八日は十一年ぶりのポールだから、お祭り気分になって、二十一日はおそらくこれが最後だろうから、お通夜のような心持ちになるだろうと考えた。これはポールが七十一歳だからもうツアーで来日することはないだろうということではなくて、問題が起こるとしたら僕のほうであって、これが最後になるだろうという予感が、なんの根拠もなくしたのである。

ポールを初めて見たのは、一九六六年七月のビートルズの日本公演だった。次は一九八二年三月で、ロンドンのエアー・スタジオでインタヴューをした。そして、一九九〇年三月のソロ初来日、一九九三年十一月の二回目、二〇〇二年十一月の三回目ということになる。その他に三回はインタヴューをしていると思うのだけど、みんな電話だった。

これまでにコンサートを四回見て、それも一回はビートルズである。インタヴューも四回して、その一回は二メートルぐらいの距離で直接話したのである。今まで考えたことはなかったけれど、これってとてつもなく幸せなことなのではないだろうか。それを思うと、二〇一三年十一月二十一日で永遠の別れになってもしょうがないという気がする。

ポールというかビートルズを初めて聴いたのは、一九六四年一月だろう。日本でビートルズのレコードが発売され始めたのが、この月だから。僕は小学校六年生だから、十二歳か。ポールは二十一歳だったことになる。……あっ、ちょうど五十年なんだ。そうだ、今年は僕がビートルズを聴き始めて五十周年なんだ。

そのときのビートルズは音楽だけで、あとは「ミュージック・ライフ」のグラビアぐらいだった。動くビートルズを見たのは、テレビの『エド・サリヴァン・ショウ』で、僕は風邪をひいて学校を休んで寝ていたのだから、まだ小学生だろう。そして、中学校一年生の夏に、あの映画『ビートルズがやって来る　ヤア！ヤア！ヤア！／ア・ハード・デイズ・ナイト』を見たのだった。これで僕の人生は決定されたといってもいい。

この映画は、以後劇場で二百回は見ている。ビデオが出ればビデオで見て、DVDが出ればDVDでも見る。おそらく、三百回は見ているだろう。今でも、一年に一回や二回は見ている。「お前、馬鹿だろ」と言われても、怒らない。

二十三歳のジョンや二十一歳のポールを、還暦を過ぎた男が憧れのまなざしで見ている。

一九六四年から五十年間で、どれだけのレコードを聴いてきたのだろうか。これは僕の仕事でもあるので、数千枚でも後半のほうになると思う。その中で一枚選べと言われたら、この『ア・ハード・デイズ・ナイト』になることは間違いない。レコードは日本盤が二枚、イギリス盤とアメリカ盤、CDは最初の盤とリマスター盤、カセット・テープも持っている。

また、この映画では、前作の『ウィズ・ザ・ビートルズ』に収録されている曲が三曲流されていて、僕は「オール・マイ・ラヴィング」が大好きなんだ。二十一歳のポールが書いた初期ビートルズの大傑作で、正に青春のラヴ・ソングである。

ジョンが歌う「ツイスト・アンド・シャウト」が〝ウェシェゲロベベアン〟と聴こえるように、ポールの「オール・マイ・ラヴィング」は〝コージョライズ〟と聴こえる。これは実はリヴァプール訛りで、キングス・イングリッシュを話す人には分からなかったという説もある。

そういうようにレコードを一枚選べというのならいいのだけど、ときどき答えられない質問や依頼がある。一番多いのは、「あなたはジョン派ですか、ポール派ですか?」というものだ。最初のうちは、「ジョンとポールがいたからビートルズなのであって、どちらかひとりだけだったらビートルズは存在しない」と説明した。しかし、最近は、ああこの人はビートルズを知らないんだなと思って、「リンゴ派です」と答えたりしている。

一般誌がビートルズ特集をやると、「ビートルズのベスト・アルバムを選曲してください」というのも多い。荒山徹の柳生十兵衛になって叩っ斬ってやろうかと思いつつ、「一か月や二か月はかかると思うので、無理です」と答える。一時間か二時間で、出来ると思っているのだろうな。こういうことを言ってくる編集者はみんな女性だというのは、なにか理由があるのだろうか。

ビートルズの実質的なラスト・アルバムの『アビイ・ロード』が発表されたのは一九六九年九月二十六日で、約一か月後に日本盤が発売された頃に僕は高校を退学になった。一九七〇年十二月にビートルズは解散して、四人は各々ソロ・ミュージシャンになり、僕はアルバイトをやりながら、ロック・バンドを始めていた。

そのうちに友達に誘われてロック雑誌を作るようになり、編集者もどきのようなことをするようになった。バンドはメンバー・チェンジを繰り返したあげくに解散して、僕はひとりになった。そして、レコード・デビューするのだけど、レコードはまったく売れず、五年後にはラスト・コンサートを行なった。それから約三十年間、原稿を書く仕事をしている。

結婚したのは三十三歳のときで、子供は三人生まれた。子供達は大人になって独立していき、妻もいなくなった。それまでは夜中に仕事をしていて、朝の八時に寝ていた。ゴミを出したり洗濯をしなければならないので、今は朝の八時に起きている。ひとり暮らしを始めて一〜二か月は、よく分からなかった。夜、酒を飲んでいて、どうして誰も帰って来ないんだろうと思ったりした。

もう、そういうことはない。結婚する前の約十年間はひとり暮らしだったわけで、その頃の感覚になってきている。父が亡くなったのが五十歳で母が八十歳だったから、その間をとると六十五歳ということになる。もうすぐだと思っている。

十一月十八日、僕は当然東京ドームにいた。ソング・メニューは分かっている。「エイト・デイズ・ア・ウィーク」から「ヘイ・ジュード」まで、本篇は三十一曲である。アンコールは二回あって、最後は「アビイ・ロード・メドレー」である。

三曲目は「オール・マイ・ラヴィング」である。これは一九九三年も二〇〇二年も演奏したのだけど、僕は首をかしげた。二十一歳の青春のラヴ・ソングは、五十一歳や六十歳では成立しなかった。かっこよくなかった。ヴォーカルは引きずり気味で、歌詞がはっきりと分かってしまった。〝コージョライズ〟ではなくて、〝クローズ・ユア・アイズ〟だった。

しかし、十一月十八日、僕はこの「オール・マイ・ラヴィング」が理解出来た。七十一歳のポール・マッカートニーの「オール・マイ・ラヴィング」が持っているものが、見えた気がした。この「オール・マイ・ラヴィング」には、ポールの人生の重さがあった。この人とジョンが僕の人生を決定したことを、思い出した。

僕の人生の六分の五には、いつだってポールの音楽があったのだ。一九六四年初め、ポールは二十一歳で、僕は十二歳だった。そして、今、ポールは七十一歳で、僕は六十二歳である。ポールを見つめて、僕は泣いた。

〈二〇一四年四月号〉

不思議な権利者

I

　毎日新聞の荻原魚雷さんのコラムで新日本プロレスがブームになっているというのを読んで、なんか懐かしくなってしまった。今では一月五月九月の両国開催のときは必ず一日は国技館に行くという相撲好きになっているけれど、かつては僕はがちがちのプロレス・ファンだったんだ（プロレス、落語、ロックの順に詳しいなどと言っていた）。

　なんてったって、物心がついた頃には、毎週テレビで力道山が空手チョップを振るっていたのだ。小学校で尊敬する人の名前を書くようにと言われると、当然のように力道山と記した。中学生になると、ジョン・レノン、ポール・マッカートニー、エリック・バードンになるのだけど。エリック・バードンなんて、先生は知らなかっただろうな。

　だから、初めて会場に見に行ったのは、日本プロレスだった。大田区体育館で、メーン・エヴェントはジャイアント馬場と坂口征二の〝東京タワー・コンビ〟だった。資料に依ると、このふたりがチームを組んでいたのは一九七二年だそうだ。しかし、こういう資料を今でも持っているというのは、どうかと思う。

　日本プロレスは分裂して、国際プロレス、新日本プロレス、全日本プロレスになる。七〇年代のプロレス・ファンは、アントニオ猪木の新日派とジャイアント馬場の全日派とふたつに分かれた。国際派は変わった奴と見られていた。この頃の夜の新宿の酒場では、毎晩新日派と全日派の熱い論戦が繰り広げられていたのだ。

村松友視の『私、プロレスの味方です』が発表されたのは一九八〇年で、これは新日派のバイブルになった。大阪の「週刊ファイト」も、毎週キオスクで買うようになった。おそらく、そこらへんからの猪木のビッグ・マッチは、ほとんど会場で見ているはずだ。そういえば、田園コロシアムもあったたし、国技館は蔵前だったたな。

最後にプロレスを見に行ったのは猪木の引退試合で、資料に依ると（しつこい）一九九八年四月四日東京ドームだそうだ。何故プロレスに興味がなくなったのかというと、力道山、猪木、馬場の頃のような面白さがなくなったからだろう。藤波辰巳《たつみ》〔一九九〇年九月三十日より辰爾〕、長州力、ジャンボ鶴田、天龍源一郎も良かった。彼等は僕と同世代なので、そういう思い入れも持てた。

どんどん分裂して行って団体が増え過ぎたのも分からなくなった一因だろう。ＵＷＦやＦＭＷまでは理解出来たのだけど、「週刊ゴング」の試合予定表が十団体ぐらいになったときにはもう駄目だった。

実は、僕はある団体の旗揚げを手伝ったことがあって、スター選手がふたりだけであとはみんな若手で、大丈夫なのだろうかと思っていたら、やはり数年後には潰れてしまった。それでも、その選手達が分かれて、各々団体を作っちゃうのだから、これはもうしょうがない。

プロレス・ファンだった頃は、レスラーへのインタヴューもずいぶんとやった。一番覚えているのは、越中詩郎である。「プロレスが好きになったのは、いつ頃からですか?」と訊いたら、「中学生のときは、ビートルズに凝っていまして」という答が来た。それから一時間、プロレスはそっちのけで、ビートルズの話をした。

プロレスラーの口からマハリシ・マヘシ・ヨギの名前が出て来るのだから、嬉しいっちゃありゃしない。同席していた編集者は、まったく分からなかっただろう。高校生のときは、バンドもやっていたという。「そんなぶっとい指で、よくギターのコードが押さえられましたね」と言ったら、「僕はドラムスだったので」ということだった。

天龍源一郎もよく覚えている。元力士で現プロレスラーなのに、前記のように同世代なので、「僕は相撲からドロップ・アウトした人間なので」などと、時代の言葉が出て来るのが面白かった。

その頃、天龍が入場して来るときに着ていたジャンパーの背中には、"Catch us if you can"と記されてあった。スポーツ用具会社に友達がいて、その人が作ってくれるのだという。こうなることを予想して、僕はデイヴ・クラーク・ファイヴの「キャッチ・アス・イフ・ユー・キャン」のテープを持って行っていて聴いてもらった。天龍は「へえ、知らなかったですよ」と言って、興味深そうに聴いていた。

ビートルズは一九六三年にイギリスでトップに立ち、一九六四年にアメリカでトップに立った。すると、そういうロック・バンドが、イギリスで続けて登場して来た。普通はローリング・ストーンズ、キンクス、フーといったあたりを思うだろうけれど、実はそうではない。おそらく、ビートルズの次にヒットを出したのはハーマンズ・ハーミッツで、次はデイヴ・クラーク・ファイヴだろう。今では名前も忘れられて、ロックの名盤にも一枚も選ばれないだろう。しかし、そういうバンドのレコードがヒット・チャートにいっぱいになったので、アメリカではブリティッシュ・インヴェイジョンと呼んだのだ。

デイヴ・クラーク・ファイヴは一九六四年と一九六五年にアメリカで十一曲のヒット・ソングを記録し、ナンバー・ワン・ヒットが三曲ある。そのナンバー・ワン・ヒットのひとつが、「キャッチ・アス・イフ・ユー・キャン」である（あと二曲は「ビッツ・アンド・ピーセス」と「ビコーズ」）。

ビートルズの映画がスーパーヒットになって、デイヴ・クラーク・ファイヴも『五人の週末』という映画を作った。完全に劇映画で、メンバー五人はスタントマンのチームで、リーダーのデイヴ・クラークがアイドル女優と恋に落ちて、逃げまわるというものだった。そのテーマ・ソングが、「キャッチ・アス・イフ・ユー・キャン」である。ポップで軽快で、二分もない曲である。

この映画が忘れられないのは、一回しか見ていないからである。つまり、再上映もされなければ、テレビ放映もない。ビデオにもなっていないし、ＤＶＤにもなっていない。アメリカではＤＶＤになったことがあるという説があるのだけど、見たという人に会ったことがない。だから、良かったというイメージが、増幅してしまっているのだろう。インターネットでちょっとだけ見ることが出来るので、よけいに見たくなってしまう。

不思議なのは、レコードからCDになって、デイヴ・クラーク・ファイヴの作品が、ずっと発売されなかったことだ。たとえば、ハーマンズ・ハーミッツならば、ベスト・アルバムが何種類も発売されて、今では全オリジナル・アルバムが紙ジャケットで並んでいる。

デイヴ・クラーク・ファイヴのCDがようやく発売されたのは一九九三年で、イギリスは『グラッド・オール・オーヴァー・アゲイン』で、アメリカは二枚組の『ザ・ヒストリー・オブ・ザ・デイヴ・クラーク・ファイヴ』で、ベスト・アルバムだけだった。日本盤はイギリスのものが発売された（「キャッチ・アス・イフ・ユー・キャン」も収録されている）。

どうしてこれほどリリースに厳しいのだろうと思っていたら、どうやら発売出来る権利の原盤権をデイヴ・クラーク自身が持っているかららしい。ここで不思議なのは、原盤権を持っていても発売しなければ利益にならないということだ。他の曲が良くなかったという印象もない。本当に、分からない。

となると、『五人の週末』の権利も、デイヴ・クラークが持っているという可能性がある。これは六〇年代中頃のロンドンのロック・バンドの映画で、僕にはかっこよかったというイメージしかないのに。一九六四年から一九六八年までアメリカではLPが十二枚発売されていて、まだもっとあるかも知れない。CDにすればいいのに、デイヴ・クラークという人は。

〈二〇一四年五月号〉

生き残るために

ニック・ロウのライヴを見てから、知り合いの店に行って酒を飲んだ。ニックさんの演奏はとても良かったし、会場で逢った友達もいっしょだったので、けっこう飲んだようで、気がついたらもう最終電車に間に合うかどうかというような時間になっていた。

あわてて店を出て、タクシーでターミナル駅まで行って、構内を走って、なんとか田園都市線の最終電車に乗ることが出来た。もちろん、車内はいっぱいである。酒が入っている人が、かなりの割合でいるだろう。当然、そうではない人もいるだろう。

吊り革につかまって立っている僕の前には、おそらく二〇代だろうと思われる女の人が座っている。その左隣には、こういっちゃあ申しわけないけど、エグザイルみたいな若い男が、寝ている。口を開けて、足を広げて。二人分とまではいわなくても、一人半分ぐらいは場所を占めている。

女の人と男との間にはスーパーマーケットのレジ袋のようなものが置かれていて、それがまた何十センチかのスペースを取っている。彼女はバッグを膝の上に乗せているので、これは明らかに男のものだろう。箱入りの饂飩《うどん》の乾麵のようなものが、袋越しに透けて見える。高速道路のサーヴィス・エリアなんかで、よく売っている奴だ。

　友達と車で遊びに行って、東京に帰って来てから酒を飲んだのだろう。いや、ただ単にお土産で貰っただけなのかも知れない。サーヴィス・エリアで見る度に、こういう物を買うのはいったいどういう人なのだろうかと思っていた。だって、お菓子なんか、並べられているものは、とても美味しそうには見えないじゃない。

　しばらく経って、男が目を覚ました。そして、隣の女の人に向かって、「なんで俺の荷物の上に座ってんだよ、てめえ！」と怒鳴った。見ると、レジ袋の端が、少しだけ彼女のスカートの下にあった。まあ、三センチか四センチかといったところだろう。

　突然、怒鳴られて、彼女は身を固くしている。「謝れよ、てめえ！」と、男は続ける。満員の車内は、静まりかえっている。そのとき、僕が考えていたのは、こいつと遣《や》り合って、勝てるかなということで、まあ、僕も酔っていたんだろう。

　男は何度か怒鳴った。彼女は固まって、身動き出来ないようになっていた。男は「ふざけんなよ！」と、自分と彼女との間の窓ガラスを殴った。思わず、僕は彼女と男の間に手を出して、「やめなさいよ」と言った。

「なんだ、てめえは。この野郎！」

「怪我でもしたら、どうすんの。若い女の人の顔に傷でもつけたら、賠償金百万や二百万じゃきかないよ」

「うるせえな。こいつが謝んないから、いけねえんだろ！」

「そんなに怒鳴ったら、若い女の人なんか、怖くて、なんにも言えないじゃないか」

もう一度書くけれど、僕は酔っていたのだろう。だって、こいつには勝てるなと思ったんだから。吊り革につかまって、顔面を蹴ればいい。鼻の骨が折れて、血が吹き出すだろう。

「てめえ、やんのか。この野郎！」

「そういうことじゃ、ないでしょ。だいたい、わざとやったわけじゃないんじゃないの。気がつかなかっただけでしょ。それも、ほんの端っこじゃないか」

次の駅に着いて、彼女は立ち上がって、僕に目礼をして、電車から降りて行った。彼女の降車駅ではないだろう。おそらく、隣の車両に移ったのだろう。いきおい、対峙するのは僕と男になったのだけど、酔った上とはいえ勝てると思っているので、怖くはない。

「ふざけやがって、この野郎！」

「だいたい、あんたは寝てたじゃないの。たちの悪い人だったら、荷物持ってかれてるよ」

「寝てなんかねえよ。ふざけたこと、しやがって！」

「僕が何をしたっていうの」と口にしたら、隣に立っていたサラリーマンが「この人は何も悪くない」とボソッと言った。どこか向こうのほうから、「その人は悪くないよ」という声も聞こえた。

男は立場が悪くなったことに気づいて、「俺は寝てなんかねえよ」とぶつぶつ言った。そして、真っ暗な窓の外を見て、左隣に座っている中年の女性に、今どこを走っているのかというようなことを訊いた。でもって、次の駅に着くと、あわてて降りて行った。まあ、乗り越したんだろうな。

　男が消えてから、誰かが「みなさん、あの方に拍手しましょう」と言って、まあ、拍手されました。そういうふうに言ってくれるぐらいなら、いっしょに止めてくれればいいのにとも思った。しかし、やはり最初に声を出すのは、嫌だろうな。僕だって、目の前で起きたから、止めたのだろう。

　これで分かったのは、こういう場合はともかく声を出して止めて、すぐに周囲の人達の同意を求めて、みんなで事に当たるということだ。酔っ払いとはいえ、顔面を蹴って、鼻の骨を折ったりしたら、自分が加害者になってしまう。

　考えてみたら、駅ふたつ分だから、十分も経たない間に起こった、出来事だった。

　ロック・ミュージシャンはワイルドだと思われているかも知れないけれど、最近ではそういうことはほとんどない。僕はバック・ステージやホテルの部屋に行くこともあって、ミュージシャンがトラブルを起こしているのを見たことがない。

　そういうことがあったのは、やはり六〇年代七〇年代だろう。今ではアルバムのリリースは三年に一枚ぐらいだけど、七〇年代は一年に一枚だった。六〇年代は、一年に二枚だった。ツアーも今のように休みの日などはなくて、一か月でも二か月でもぶっ続けに行なわれていた。

　現在ではスケジュールにミュージシャンも意見を言えるけれど、当時はそうではなかった。ロック・バンドは売れているうちに、使うだけ使ってしまうという消耗品あつかいだったのだ。当然、ストレスも溜まる。〝セックス、ドラッグ&ロックンロール〟というのは、それを解消するためだったのだろう。

　そういう中でも、一番ワイルドだったのはフーだろう。ステージの上ではピート・タウンゼンドはギターを叩き壊し、キース・ムーンはドラム・セットをばらばらにしてしまう。ホテルに戻ると部屋の中を目茶苦茶にして、窓からテレビを投げ落とす。ドラッグやセックスは分かっても、これは理解出来ない。キース・ムーンは酒を飲み過ぎて、アルコール依存症になってしまう。そして、その治療薬も飲み過ぎて、死んでしまう。再結成の理由は金遣いの荒いジョン・エントウィッスルが破産寸前だったので、それを助けるためだった。ところが、彼はドラッグをやってふたりの娼婦を相手にして、心臓麻痺で死んでしまう。

　あとのふたりが生き残ったのは、そういうことと縁を切ったからだろう。幼児ポルノをコンピューターに所持しているという理由で連行されたピート・タウンゼンドは、そういう事実は見つからずすぐに解放された。デビュー前は町を仕切っていたというロジャー・ダルトリーは、インタヴューで会ったらにこにこしてそれは穏やかな人だった。正し過ぎるぐらいだ。

　しかし、六〇年代七〇年代は、そうではなかったのだろう。暴れなければ、いられなかったのだろう。セックスとドラッグで、クール・ダウンさせていたのだろう。ああしなければ、生きていられなかったのだろう。

「じじいになる前に、死んじまいたい」と歌われる「マイ・ジェネレイション」は、性急だった。にもかかわらず生き残ったふたりに、僕は感謝したい。


〈二〇一四年六月号〉

一九六七年の夏

I

親の家を出て、ひとり暮らしを始めたのは二十代前半だった。それから十年ぐらい経って、結婚した。しばらくして、子供が生まれた。また、子供が生まれた。またまた、子供が生まれた。いっしょに住む人数が、どんどん増えた。そこから、逆になった。かつて僕がしたように、子供が家を出て行く。また、子供が出て行く……。そして、僕はひとり暮らしに戻った。

生まれ育ったのは、大森である。ひとり暮らしを始めたのは、武蔵境だった。酔っ払って帰るのには遠過ぎると分かったので、祐天寺に移った。結婚して、尾山台に住んだ。子供が増えて、石川台に移った。子供が小児喘息になったので、矢野口に住んだ。また子供が増えたので、稲城長沼に移った。そして、最大五人で住んでいたところでひとりになったので、現在のところに引っ越した。

これって……東京近辺に住んでいる人だけにしか分からないか。つまり、東京でも城南地区と多摩地区ばかりである。すぐに多摩川に行くことが出来る地域が、わりに多い。実際に、多摩川まで散歩して、三十分ぐらいぼうっと流れを見ていることが、よくあった。

そういえば、UFOを見たことが二回あって、どちらも多摩川だった。考えてみたら、そのときに見たＵＦＯの位置は、今僕が住んでいるところの上空あたりになる。ときどき、空を見たほうが、いいのかも知れない。だけど、頭の上にＵＦＯがいたら、どうすればいいのだろうか。

さて、ここに引っ越して来るときは、ちょっと大変だった。それまでの引っ越しはひとりひとりが自分のものを片づければよかったのだけど、今回は僕がひとりでやらなければならない。子供は出て行っても、すぐに必要ではないものは置いていってしまう。僕だって、家を出るときにかなりの量のレコードや本を置いてきた。

だから、子供達に必要なものは持っていくように言った。それで必要なものは持っていったけれど、そうではないものは残ることになる。それは僕が片づけて、捨てなければならない。

家中引っ掻きまわすと、いろんなものが出てきた。

たとえば、ノート、消しゴム、ボールペン、サインペンなどが、やたらと出てくる。子供達が学校に行っていたときに、使っていたものである。ノートは最初の五頁ぐらいしか使っていないものが、何冊も出てくる。使おうとするとなかったカッターも、三本もあらわれた。

こういう仕事をしているせいか、文房具は大切なものだという意識がある。書けるペンはみんな残したし、ノートは使ってあるところを外してよけた。その結果、ひとり暮らし一年半で、まったく文房具を購入しなかった。先月、校正用の赤いボールペンを、ようやく一本買った。

びっくりしたのは、使い捨てライターがあっちこっちから出てきたことだった。使い捨てライター……そういう言い方はやめてくれと、同業の友人から言われたことがあった。自分のことを言われているみたいだからと……。ふたりで暗くなった。

僕はオイル・ライター三個とガス・ライター三個を持っている。使い捨てライターなど、必要はない。それなのに、十個近くも出てきた。どうしてだか、分かりますか。

ライターのオイルやガスがなくなるのは、必ず外にいるときなのである。家にいるときになくなることは、まずない。仕事先の喫煙室で、つかなくなる。居酒屋で一本くわえると、つかなくなる。だから、使い捨てライターを買わなければならなくなっちゃう。だから、家に帰って来たら、そこいらにほっぽっちゃう。

そういうしゃくにさわるライターなのである。これも持って来て、使っている。今回の引っ越しをしてからは、外出するときは必ずライターを二個持つようにしている。ひとつ利口になったとも思うし、もっと早く気づくべきだったという気もする。

ドアーズの「ハートに火をつけて」という日本語タイトルが嫌いだ。かっこ悪い。「ライト・マイ・ファイアー」でいいではないか。使い捨てライターから「ライト・マイ・ファイアー」になるのも……あまりかっこ良くないけど。

「ライト・マイ・ファイアー」という英語も、分かったような分からないようなところがある。〝僕の火をつけてくれ〟でしょ。もう、火があることになるじゃん。それにつけてくれって、どういうことなんだろうな。「ライト・マイ・トーチ」とかだったら分かるけどさ。英語では、これでいいのだろうか。

ドアーズの「ライト・マイ・ファイアー」がスーパーヒットした一九六七年の夏は、ロックの歴史の中でも特別な夏だった。あそこからすべてが変わったと言っても、言い過ぎにはならないだろう。

ヴェトナムの反戦運動が大きくなってきた。それにともなって、ラヴ・アンド・ピースやフラワーが唱えられた。精神的には、メディテイションやサイケデリックが試みられた。そして、ビートルズの『サージェント・ペッパーズ・ロンリー・ハーツ・クラブ・バンド』の発表が、決定的になった。

今では、一九六七年の夏は、〝サマー・オブ・ラヴ〟と呼ばれている。ドアーズの「ライト・マイ・ファイアー」は、その夏を代表する一曲である。

基本的に、ロックンロールは子供のものだと思われていた。音楽ファンは大学生になったら、ロックから離れてジャズを聴くと言われていた。それを耳にして、三十歳になっても四十歳になっても、僕はロックを聴こうと思った。現在〔二〇一四年〕、六十三歳である。

ドアーズはUCLAの映画学科の学生だった。フェリーニやウェルズやクロサワやミゾグチの映画を見ていた。ジム・モリソンの愛読書は、ホイットマンやランボーやサルトルやハイデッガーだった。ドアーズというバンド名も、ウィリアム・ブレイクからだった。音楽にしても、ストラヴィンスキーやヴァレーズも聴いていた。ジョン・コルトレーンやマイルス・デイヴィスも聴いていた。

よく知られているように、「ライト・マイ・ファイアー」のLPヴァージョンは七分以上にもなる。シングル・カットするときに、これではラジオではかからないから三分弱に編集したのである。編集で切られた四分は、なんとオルガンとギターのアドリヴである。四分のアドリヴなど、それまでのロックンロールにはなかったものである。

つまり、ドアーズはそれまでのロックンロール・ファンに向けて歌ったのではなかったのである。なおかつ、それまでのロックンロール・ファンも、ドアーズを支持したのである。ここに、まったく新しいロックンロールの世界が開けたと言ってもいいだろう。ミュージシャンもファンも、次の場所へ進んだのである。

ドアーズがロックンロールの世界に持ち込んだのは、文学的演劇的な知的要素である。もちろん、それまでにも、ボブ・ディランやジョン・レノンも、そういうところを見せていた。しかし、ドアーズは大学生のまま、その美学をあらわにしたのである。一九六七年夏の「ライト・マイ・ファイアー」で。

「LSDとは何か?」という質問に、ジム・モリソンは「ラヴ、セックス、デス」と答えている。そして、パリのアパルトマンで(わっ、森茉莉か、ジム・モリソンは)、バスタブの中で亡くなることになる。

一九六七年の夏に、ロックは大きく変わった。ドアーズの「ライト・マイ・ファイアー」は、ビートルズの『サージェント・ペッパーズ~』とともに、そこで大きな役割を果たしたというのは、間違ってはいないだろう。

〈二〇一四年七月号〉

失いたくない人

周知のように、五月〔二〇一四年〕のポール・マッカートニーの日本ツアーは中止になってしまった。僕は十八日に行くことにしていたのだけど、十七日が中止になった時点でこれは難しいのではないのだろうかと感じた。

だって、病名がウイルス性炎症じゃないか。ウイルスといってまず頭に浮かぶのは、インフルエンザやノロウイルスであって、そうなったら一週間や二週間は無理でしょう、普通は。だから、十八日に千駄ヶ谷の駅に着いた途端に中止を知らされても、それほどのショックはなかった。この日に来ることになっていた数人の友達と連絡を取り合って、新宿に集まってビールを飲みながら情報収集をした。

僕達の結論は、もうすべて中止にするべきだろうということだった。なんといっても、ポールは二〇〇八年に心臓の手術をしている。そして、七十一歳である。精力的に活動していることは賞賛するけれど、ここのところあまりにも精力的過ぎたのではないだろうか。

ともかく、この人が歌えなくなってしまうことだけは、なんとしてでも避けなければならない。もう一歩進めると、歌えなくなってしまっても、なんとしてでも存在していてもらわないと、困る。

ジョン・レノンは一九七五年を最後にして、音楽活動を休止している。よく知られているように、この年に生まれた息子のショーンの子育てをして、ハウス・ハズバンドになったのである。

それでも、良かった。音楽活動をしなくても、ジョンがニュー・ヨークにいるということだけでも充分だった。結局、一九八〇年に音楽活動を再開した直後に、暗殺されてしまった。そんなことになるのだったら休んでいたほうが良かったというのは、もちろん今だから言えることである。

ポールが日本に来られなくなっても、いい。コンサートを行なえなくなっても、いい。作品を作れなくなっても、いい。ともかく、存在していてもらいたい。特筆するべきことは、今回ファンから非難の声がまったく出なかったことだろう。みんな、同じように思っているのである。


七月に解体が始まる国立競技場を見ていて、僕は一九六四年の東京オリンピックのときにここに来たことを思い出した。おそらく、東京都の生徒児童は、みんななんらかの競技が見られるようになっていたのだろう。

中学一年生のときに国立競技場で見たオリンピックは……何も覚えていない。たくさんの陸上競技をやっていたはずである。こっちでは百メートル走、あっちでは棒高跳び、そっちでは三段跳び、ハンマー投げだって……。それを、まったく覚えていない。

覚えているのは、最上部の通路……つまりもっとも外周に近い通路を、誰が一番速いかと駆けっこをしたことである。はっきり言おう、男子中学生は馬鹿である。還暦過ぎて分かった、男子中学生は馬鹿である。男の人生で一番馬鹿なのは、間違いなく中学時代である。

修学旅行も、オリンピックと同じことだった。当然のように京都奈良に行ったのだけど、何も覚えていない。覚えているのは、枕投げをして怒られたことである。あと、宿の部屋に入った途端に、鴨居にぶら下がって壊した奴がいて、みんなでばれないようにしたことか。

だいたい、男子中学生に神社仏閣を見せようということ自体、間違っているという気がする。今だったら、京都奈良に一週間連れて行ってやると言われたら、大喜びする。だけど、男子中学生だぜ。本当に、京都でお土産に木刀を買った奴がいたんだぜ。

もうひとつ、思い出した。夕方、グループで宿に帰って来たとき、向こうから同じようなグループがやって来た。それを見たひとりが、「生意気だな、あいつら」と言った。誰も、それに異を唱えなかった。

もう暗くなっていて、シルエットしか分からない。生意気だという根拠は、なんだったのだろうか。僕達のグループに、喧嘩っ早い奴がいたわけでもない。ただ、修学旅行で他校の生徒と逢ったら、一悶着起こすべきだと、男子中学生の辞書には載っていたのである。

どうやら向こうのグループでも同じような体勢になっているようで、不穏な空気の中を距離が近づいて、おたがいの顔が見えるようになったとき、こちらのグループもあちらのグループも同じことを言った。

「なんだ、お前達か」。隣のクラスの奴等だったのである。馬鹿である。

会場に行ったらコンサートが中止になっていたことが、もう一回あった。一九六八年九月二十六日、新宿厚生年金会館。エリック・バードン・アンド・ジ・アニマルズ。エリックは、僕が世界一だと思っているシンガーである。

高校の帰りに学生服のままで行ったら、中止になっていた。その原因はエリック・バードン・アンド・ジ・アニマルズと日本のプロモーターとのトラブルとしか報道されなかったけれど、一九九一年にエリック・バードン・アンド・ブライアン・オーガー・バンドで来日したときにインタヴューして分かった。

つまり、日本に来てみたら、契約していたものよりも、コンサートの回数が多くなっている。話し合っても、埒《らち》が明かない。プロモーターの愛人の誕生日だからと、赤坂のクラブで演奏させられる。抗議したら、拳銃の弾丸を目の前に置かれた。

ホテルに戻って、すぐに空港に向かったのだという。そのときのギタリストのアンディー・サマーズは、何も知らずに外出していて、ホテルに帰ったら誰もいなくて、パニックになったらしい。

帰国する前に、彼等は一度だけテレビに出演している。『ヤング720』という、題名どおりに朝七時二十分から始まる若者向けの番組である。番組の最初に、必ずバンドが一曲演奏する。それを見てから家を出ると、ちょうど高校の始業時間に間に合う。

突然、そこにエリック・バードン・アンド・ジ・アニマルズが登場したのである。当時の一曲は三分ぐらいなのだけど、彼等は五分ぐらいになる。この番組は夕方に再放送されているから、新聞を見たらこの日だけなかった。さあ、どうするか。

エリックが歌い始めたのは、「スカイ・パイロット」だった。この曲は、八分近くもある。シングル・レコードも、A面前半B面後半になっていた。テレビといっても、彼等が前半で終えるわけはない。

さあ、「スカイ・パイロット」を見るか、始業時間までに学校に行くか。僕はまったく迷わずに遅刻していって、校門で教師に殴られた。

アニマルズは一九六四年にレコード・デビューして、「朝日のあたる家」がスーパーヒットになってブレイクする。数々のヒット曲をリリースしながら、一九六六年に一度解散する。そして、一九六七年にエリック・バードン・アンド・ジ・アニマルズになる。サマー・オブ・ラヴである。

一九六八年の「スカイ・パイロット」も、八分の大作の反戦歌である。いつもはワイルドなエリックが押さえて歌っているところに、迫力がある。

日本から帰国して数か月後に、彼等は解散した。以後、エリックはエリック・バードン・アンド・ザ・ウォー、エリック・バードン・バンドなどで活動を続けている。七年ぶりのアルバム『ティル・ユア・リヴァー・ランズ・ドライ』が、去年リリースされている。この人も、絶対に失いたくない人である。

中学生よりも少しは利口になった高校二年生のときに、ライヴで「スカイ・パイロット」を聴きたかったと今でも思う。

〈二〇一四年八月号〉

幻の八年

今になってみると、どうしてあれだけ夢中になっていたのだろうと思うことがある。それは反省しているというわけではなくて、そのときは楽しかったという感覚は残っている。それがブームだったものもあるし、そうではなかったものもある。おかしな時間ではあったけれど、面白い時間でもあった。

たとえば、僕が子供の頃には、切手の蒐集《しゅうしゅう》が流行っていた。記念切手の発売日には、早起きして郵便局に行って並んだ。小学校に行かなければならない時間になると、母親が来て代わってくれた。それを中学生でもやっていた記憶はないから、短い間だったのだろう。もちろん、切手帖は残っていない。切手も一枚もない。

テレフォン・カードのブームというのもあった。これはもう滅茶苦茶に、種類が多い。ビートルズやT・レックスというロック・バンドのものもあったし、プロレスや相撲というスポーツのものもあった。映画やアイドルもあったから、グッズといってもいい。動物園にも観光地にもあった。なんでも、テレフォン・カードになった。

ＮＴＴ発売のカードは五十度数で五百円だったのだけど、そうではないものは同じ度数でだいたい千円だった。それを集めていた。今、携帯電話の時代になって、テレフォン・カードを見ることは、ほとんどなくなった。それはしょうがないけれど、集めたテレフォン・カードはどうすればいいのだろうか。

五百円分しか使えないものを千円で買っていたということもあるし、生きているうちに使い切るという自信もない。カード・ホルダーを見てみたら、未使用のものが百枚ぐらいあった。使用済みのものは、その数倍ある。イギリスやフランスのものもあるから、ロンドンやパリに行ったときに買ったのだろう。

当時、一万円以上はするといわれていた広末涼子のカードを、友達から貰ったことがあった。広末涼子には興味はなかったのだけど、切手の見返り美人のように高価なものを入手したという喜びがあった。そのことを話したら、「小説すばる」のSさんが調べてくれて、「今は額面割れしています」と、わざわざ教えてくれた。一万円以上だったものが、五百円以下である。しばし、悩んだ。Sさんが調べたのは、善意だったのか悪意だったのか。

おそらく、同じ頃に、トレーディング・カードのコレクションに夢中になった。知らない人もいると思うので、いちおう説明すると、そういう専門店があって、とんでもない種類がある。一袋にカードが四~五枚入って、三百円とか四百円である。いくら買ってもでてこないカードもあるし、何枚もたまってしまうカードもある。

最初はビートルズ・カードだった。これはカード店では売っていなくて、ビートルズ・グッズ専門店に行った。基本カードは二百二十枚で、スペシャル・カードが八枚だった。ずいぶんと時間をかけて、それをコンプリートさせた。

ばら売りもしているので、最後の数枚はそれで集めた。カード・ホルダーに収めて見ていくと、充実感がある。その後、ミステリー・スペシャル・カードが一枚あるということを知っても、もういいことにした。一箱大人買いをしても、出てくる可能性は低い。

ビートルズ・カードが終わった頃、ビートルズ・グッズ店の店長に「今度、イエロー・サブマリンのカードが発売されます」と教えられた。こちらは基本カードが七十二枚で、スペシャル・カードが六枚だった。基本カード七十二枚が集まったところで、スペシャル・カードは二枚しかなかったけれど終わりにした。枚数が少ないということは、つまり重複するものが多いということになるから。

大相撲カードも集めた。これは毎年新しいものになるので、定めた年のものを集める。若貴ブームの頃は、前期と後期と二回発売された。僕が集めたのは、一九九九年前期である。横綱は貴乃花、若乃花、曙《あけぼの》で、大関は武蔵丸、貴ノ浪だった。十五年前である。

これはコンプリートしていないし、内訳が書いてあった袋も捨ててしまったので、基本カードが何枚か分からないのだけど、おそらく二百枚までは行かないだろう。百七十枚から百八十枚で、その九割は集めたと思う。スペシャル・カード五枚は集めた。これを止めたのは、集めているうちに、半年毎に新しいカードが発売されるので、古いものは店になくなってしまったからである。

僕は大人買いはしなくて、週に一度ぐらい行って一袋か二袋買ってくる。その度に少しずつ増えていくのが、面白かったのだろう。そうすると、店頭からなくなってしまうことにもなる。まあ、しょうがない。

　テレフォン・カードやトレーディング・カードを集めていた日々というのは、今になってみると奇妙な感じがする。その後、野球カードやプロレス・カードも集めたけれど、続かなかった。もう、夢中になれなかったのだろう。とりあえず、ビートルズ・カードと大相撲カードを見ているときには、なんとなく幸せな気分になる。


　ひとつのロック・バンドの歴史を見ていくと、どうしてこの人達はこういうことをやっていたのだろうかと不思議になる時間がある。

　キンクスは一九六四年にレコード・デビューして、「ユー・リアリー・ガット・ミー」や「オール・デイ・アンド・オール・オブ・ザ・ナイト」をヒットさせ、ビートルズ、ローリング・ストーンズ、アニマルズに次ぐ存在になって、ヒット作を発表し続ける。

　それが変わったのは、一九六八年の『ヴィレッジ・グリーン・プリザヴェイション・ソサエティー』からである。その前年のビートルズの『サージェント・ペッパーズ・ロンリー・ハーツ・クラブ・バンド』の影響を受けたコンセプト・アルバムで、みんながやっていたことではある。

　しかし、テーマが違う。サマー・オブ・ラヴ、サイケデリック、反戦、ヒッピーの時代に、古き良きイギリスの田園生活を歌っているのである。その後、ハード・ロック、グラム・ロック、プログレッシヴ・ロックの時代にも、イギリスに入ってきたアメリカン・ミュージックや、前記の『ヴィレッジ・グリーン〜』のロック・オペラや、ソープ・オペラ（昼メロ）をテーマにして、コンセプト・アルバムを作り続ける。それはイギリスの学園生活をテーマにした、一九七五年の『不良少年のメロディ』までいく。

はっきりいって、この時期がキンクスのレコードが一番売れなかった頃である。一九七七年の『スリープウォーカー』からはまたロック・バンドに戻って、キンクスの人気も高くなる。となると、一九六八年から一九七五年までの八年間は、いったいなんだったのだろうかと思ってしまう。ところが、現在もっとも評価されているのは、この時期の十枚なのである。

実は、僕が好きなのも、『ヴィレッジ・グリーン〜』と『不良少年のメロディ』である。しかし、一曲といったら、『この世はすべてショー・ビジネス』の「セルロイドの英雄」だろう。自分達の映画のサウンドトラック盤として作ったのに、映画は中止になってしまったというレコードである。「セルロイドの英雄」は名曲である。

リーダーのレイ・デイヴィスにインタヴューしたときにそう言ったら、あの変わり者で有名な人がニコニコしていろいろなエピソードを話してくれた。このレコードのリリースに反対していたレコード会社の人間にこの曲を聴かせたら、僕が間違っていたと謝ったとか。

つまり……夢中になってやっていたことというのは、時間が経ってもそれだけのことはあるということかな。

〈二〇一四年九月号〉

ロックを続けるために

初めて買ったレコードは、坂本九の「上を向いて歩こう」だった。この発売日は一九六一年十月だというから、僕が買ったのはおそらくスーパーヒットになった一九六二年になってからだろう。その頃に、卓上電蓄を買ってもらったのだと思う（卓上電蓄については、そのうちに詳しく書くことになるだろう）。

小学生が二百九十円のシングル盤を買うというのは、けっこう大変なことだった。その当時は石原裕次郎が大好きだったのだけど、レコードは買ってはいない。彼の二枚組ベスト・アルバムを購入したのは、大人になってからだった。それだけ、ロックやポップスに魅力を感じていたのだろう。

一九六四年一月にビートルズの「抱きしめたい」が発売されて以後は、ロックを聴き続けることになる。前にも書いたけれど、それから五十年になる。これは特別なことではなくて、同世代のロック・ファンならみんな同じである。とはいっても、僕の周囲の同世代のロック・ファンは、みんな音楽に関する仕事をしている。

こういう仕事をしていると、毎月ニュー・アルバムを聴くことになる。最近はそれほどでもないのだけど、一時期には一か月に二日や三日は試聴盤を聴く日を作らなければならなかった。LPは四十分ぐらいだったから、十枚だと六時間半かかる。十時間でも、十五枚しか聴けない。

ずっとそういうことを続けてくると、ときどきおかしくなる。このままでもいいけれど、このままではいけない。ロックに飽きるというのではなくて、他の音楽がやたらと聴きたくなってしまう。十年に一度ぐらい、そういうふうになる。

最初のときは、クラシックを聴いた。こういう場合、我々は書物で知識を得ようとする悪い癖がある。つまり、クラシックの入門書で、〝名盤三百枚〟などというやつだ。それを数冊読んだのだけど、まったく頭に入ってこなかった。中学の音楽の時間の名曲鑑賞を思い出して、読むのに苦労した。こういうふうだったから、嫌になったんじゃないか。

とりあえず、知ってる曲や知ってる作曲家から始めたほうがいい。ドアーズも演奏していた「アルビノーニのアダージョ」が、取っかかりだった。それで、数年間、集中的に聴いた。ドボルザークやラヴェルやストラヴィンスキーは、今でも聴くことがある。

その次のときは、演歌を聴いた。僕が見た範囲では、演歌の入門書はなかった。演歌は初心者が入門するものではないのだろう。入門するのだったら、カラオケだったのかも知れない。

数少ない例外を除いて、演歌はオリジナル・アルバム志向が希薄なようだった。つまり、最新のヒット・ソングをメインにして、ベスト・アルバムを作るというのが多かった。だから、一年か二年に一枚はベスト・アルバムがリリースされる。逆に、これは初心者には便利で、入りやすい。僕が聴いた限りでは、演歌は男性歌手よりも女性歌手のほうが分かりやすい。都はるみ、藤圭子、石川さゆりの歌唱力には圧倒された。

最後に、ジャズを聴いた。どうしてジャズが最後になったのかというと、六〇年代に流布されていた風説に反発を覚えていたからだ。曰く、ロックは子供の音楽で、二十歳過ぎたらジャズを聴くべきだ。もちろん、ジャズそのものには、何の関係もない。ズージャなどと呼ぶ人が、言っていたのだろう。だけど、やっぱりね……。ついでに書いておくと、中年になったら演歌でその先は浪曲などという説もあった。聴く音楽が世代で決定されるというようなことは、もはやない。ロック・ファン、ジャズ・ファン、演歌ファン、クラシック・ファンがいるだけだ。二十代でも、四十代でも、六十代でも、八十代でも。

ジャズの入門書は、たくさんあった。しかし、初心者が入りやすいものは、ほとんどなかった。〝ジャズを聴いても、最初は理解出来ない。それでも、毎日一時間二時間聴いていれば、そのうちに分かってくる〟などというのさえあった。これからジャズを聴きたいという人を、拒絶しているとしか思えない。

理解出来ないものを毎日二時間聴くなどというのは、苦痛以外の何物でもない。やはり聴くのはやめようかとも思ったけれど、聴いてみたら因果なことに面白かった。これを初心者に分からないと書くのは、どういうことなのだろうか。意図が理解できない。

ジャズの名盤といわれているものは五〇年代六〇年代のものが多くて、輸入盤店などでは一枚千円で買うことが出来る。そういうものを聴いて、菊地成孔《なるよし》や上原ひろみも聴いている。

次は、どういう音楽になるんだろう。

ニール・ヤングといえば、バッファロー・スプリングフィールドで一九六六年にレコード・デビューして以来、いつだってロックの最前線にいた人である。彼のスタイルは、大きく分けて二つあって、フォークやカントリーのアコースティックと、クレイジー・ホースといっしょの轟音エレキである。

ひょっとしたらこれだけでも初心者には分かりにくいかも知れないのに、それだけではない。『トランス』はテクノだった。『エヴリバディズ・ロッキン』はロカビリーだった。『ディス・ノーツ・フォー・ユー』はジャズだった。

アコースティックや轟音エレキならいいのだけど、そういうものでは普通のロック・ファンは戸惑ってしまう。実際にわざと売れないものを作っていると、レコード会社に告訴されたこともあった。

今年〔二〇一四年〕の六月にリリースされた最新アルバム『ア・レター・ホーム』など、わけが分からない。昔、アメリカの観光地などには、電話ボックスぐらいのブースがあって、そこで録音してすぐにレコードを作ることが出来る、ヴォイスグラフというものがあったという。それを旅先から絵葉書のように、送っていたのだそうだ。日本では、見たことがないよね。

何を思ったのか、ニー様はそのヴォイスグラフでフォークのカヴァー・アルバムをレコーディングしてしまった。当然、音は悪い。というよりも、ひどい。七十八回転のSPレコードのように、ひどい。

そうかと思うと、アーカイヴ・シリーズといって、六〇年代七〇年代の自分のライヴを発売し続けている。これが信じられないぐらいにいい音なのだ。あの時代はテープしかなかったはずなのに、いったいどうなっているのだろう。ただただロックをやっているのは、嫌なのかも知れない。

ニー様といえば、思い出すのは二〇〇一年七月二十八日のフジ・ロック・フェスティヴァルである。フジ・ロックのメインのステージは十一時までで、ニー様の出演も十時から十一時までだった。その一時間のステージは素晴らしいものだった。フジ・ロックとニー様という、至福の時間だった。

そして、十一時になったら、始めちゃったんだよね、「ライク・ア・ハリケーン」を。翌日、主催者に訊いたら、「ニール・ヤングじゃ、止められないだろ」と言っていた。この「ライク・ア・ハリケーン」は、凄まじかった。演奏が終わったときに、時計を見たら十一時四十分になっていた。

ニール・ヤングはアコースティックもいいけれど、やはり轟音エレキである。「ライク・ア・ハリケーン」である。

「ライク・ア・ハリケーン」も、スタジオ録音よりも、ライヴ音源のほうがいいだろう。そういえば、二枚組の『ライヴ・ラスト』は、一枚目がアコースティックで、二枚目が轟音エレキである。

〈二〇一四年十月号〉

ラジオは生きている

亀渕昭信さんがNHKでラジオ番組をやるというニュースを聞いたのは、五年前〔二〇〇九年〕の春だった。『いくつになってもロケンロール！』というタイトルだそうだから、五〇年代から七〇年代あたりまでのロックを流すのに違いない。僕が高校生の頃、亀渕さんはニッポン放送で『オールナイトニッポン』をやっていて、毎週ロックを流してくれていた。僕も欠かさず聞いていて、亀さんはヒーローのひとりである。

これは聞かなければならない。そう思って、気がついた。うちには、ラジオがないことを。困ったことになった。しかし、どうしようもない。諦めるしかない。番組が始まって数か月経ったある日、僕はハタと膝を打った（伊丹十三か）。ラジオを買えばいいのである。馬鹿である。中学生のときも馬鹿だったのだけど、還暦近くになっても馬鹿だった。

そこで、電化製品の量販店に行くと、当然ラジオはあるしCDラジオもある。CDラジカセもあった。僕のところには、落語のカセット・テープがたくさんある。桂文楽、古今亭志ん生、三遊亭金馬、林家正蔵、柳家小さん、金原亭馬生、林家三平、立川談志、古今亭志ん朝、柳家小三治……。それが聴かれることもなく、段ボール箱の中で死にそうになっている。というわけで、ＣＤラジカセを買った。

それから、ラジオが生活の中に入ってきた。もちろん、亀渕さんの番組を聞く。こういうふうに、毎回必ず聞くのは、一九八一年からのビートたけしの『オールナイトニッポン』以来だろう。それだけではない。必ずではないけれど、聞く番組がたくさんあった。まず、深夜放送である。

月曜火曜金曜はＴＢＳで、伊集院光、爆笑問題、バナナマンである。土曜はニッポン放送で、オードリーである。ラジオというのはテレビと違って、素を出すので面白い。たとえば、伊集院光の体形を思えば、彼が折り畳み自転車を持って日本中に行って、バッティング・センターを回っていることなどは考えもつかないだろう。オードリーは若林と春日の立場がテレビとは逆で、明らかに若林のほうが攻撃的である。そこが、面白い。

ジャズ・ミュージシャンの菊地成孔の『粋な夜電波』はよく放送時間が変わって、今のところは金曜の午前零時からＴＢＳでやっている。この人は真面目に音楽を語っても面白いのだけど、ファミレスやデパートの話がおかしい。

いつのまにか、朝目が覚めると、ラジオをつけるようになった。ＴＢＳは、午前五時から六時半までは生島ヒロシが、六時半から八時半までは森本毅郎が、八時半から午後一時までは大沢悠里が番組をやっている。それが生島ヒロシだったら、消してまた寝る。森本毅郎だったら、音を小さくしてうとうとする。大沢悠里だったら、起きようかという気になる。そういうことになった。

ちなみに、土曜の八時半からは、永六輔である。永六輔は喋りがはっきりしないときもあるけれど、なんとなく安心する。

午後一時から三時半までのＴＢＳは、赤江珠緒である。彼女は朝はテレビのワイド・ショーもやっていて、テレビよりもラジオのほうがずっと生き生きしている。テレビで見ると、不思議なことに、この人は普通の美人のときと、とてつもない美人のときがある。とてつもない美人のときは、ラジオを聞くようにしている。

ここまで書いてきて、聞いているのはほとんどＴＢＳだということが分かる。つまり、東京や神奈川では、民放で一番受信が良いのはＴＢＳなのだ。その次が、ニッポン放送だろう。文化放送やラジオ日本はノイズが入ってしまう。

さて、深夜放送である。午前一時から三時となると、寝てしまうこともある。そういうときに便利なのが、カセット・テープである。布団に入るときに録音にしておけば、途中で寝ても翌日一時間は聞ける。

まあ、昼間に聞く深夜放送というのは、奇妙なもんなんだけどね。ともかく、一日に何時間かはラジオを聞くという生活が、続いている。

ロックには、〝ＢＢＣもの〟とでもいうようなものがある。これはイギリスのＢＢＣのラジオでのライヴ音源を、ＣＤにまとめたものである。最初はビートルズの『ライヴ・アット・ザ・ＢＢＣ』で、一九九四年にリリースされている。これがヒットしたために、いろんなバンドがBBCのライヴ盤を作るようになったのだ。キンクス、フー、ゾンビーズ、レッド・ツェッペリン……。もっと、あるはずだ。

実をいうと、そのBBCの音源を使って、僕は『BBC・ロック・レジェンド』というラジオ番組をやっていたことがあった。選曲も構成も僕がやって面白かったけれど、それはまた別の機会にしよう（こういうこと、前にも書いたような気がするな）。

バッドフィンガーは最初アイヴィーズというバンド名で、一九六九年にデビューしている。ビートルズのアップル・レコードだったので、なんとなく彼等の弟バンドのように感じられてしまった。

翌年、メンバー・チェンジもあって、バッドフィンガーということになった。それから、「マジック・クリスチャンのテーマ」、「嵐の恋」、「デイ・アフター・デイ」、「ベイビー・ブルー」とヒット曲を発表した。ニルソンやマライア・キャリーがカヴァーした「ウィズアウト・ユー」も、元は彼等のオリジナルである。ポップでいいバンドで、僕は大好きだった。

ところが、マネージャーに騙されて、何百万ドルも利益があったのに、まったく支払われなくて、生活費にも困るようになってしまった。はっきりいって、六〇年代には、よくあった話である。

ロックンロールはモンキー・ビジネスで、質《たち》の悪い奴はバンドを鴨にして大儲けすることしか考えていない。たいていはマネージャーだけが金を受けとれるような契約になっていて、なんといってもデビュー前の若いバンドには分からない。

その事実を知って、リーダーのピート・ハムはなんと首吊り自殺をしてしまった。六〇年代後半から七〇年代前半には、ずいぶん才能あるミュージシャンが死んでいる。ジム・モリソン、ジミ・ヘンドリックス、ブライアン・ジョーンズ、ジャニス・ジョプリン……。しかし、自殺をしたのは、ピート・ハムだけだろう。

ともかく、世界的なヒット・ソングを何曲もリリースしていたバッドフィンガーは、リーダーの自殺によって自然消滅してしまった。一九六九年から一九七五年までの、七年間のストーリーだったのである。

しかし、それには続きがあって、アメリカでパワー・ポップが、イギリスでブリット・ポップが、ブームになったとき、そのルーツとしてバッドフィンガーが注目されたのである。廃盤になっていたレコードも、CDに生まれ変わった。それ以外の音源も、CDにされるようになった。この『BBC　イン・コンサート　1972－3／バッドフィンガー』も、その一枚である。

一九七二年一九七三年というと、バッドフィンガーもヒット曲を続けているときである。聴いてびっくりするのは、レコードよりもずっとハードな演奏をしているところである。ライヴ・バンドだったんだな。もうひとつ驚くのは、まったくヒット曲を取り上げていないことである。そこで、ここでは「デイ・アフター・デイ」のB面だった「スウィート・チューズデイ・モーニング」にする。あまりにも美し過ぎて、悲しくなってくる。

〈二〇一四年十一月号〉

テレビはテレビ

前号ではラジオについて書いたので、今回は安易にテレビにした。それで気がついたのは、基本的に僕がテレビを見るのは食事の時間だということだった。ひとり暮らしだから、せめて食事のときぐらいは人の顔を見たり声を聞いたりしたいということなのだろう。寂しい奴だったんだ、僕は。

食事はお昼前、夕方、夜遅く（これは酒中心だけど）ということになる。朝起きて、ゴミを出したり、洗濯をしたり、新聞を読んだり、掃除をしたりしていると、どうしても一回目の食事はそういう時間になってしまう。

午前中の作業の合間に、テレビ朝日の『モーニングバード』をつける。そこで、赤江珠緒が美人か普通かを見る。美人だったら十分ぐらい見て、普通だったらすぐに消す。美人だったらいい一日になるような気がするから。彼女は今日の占いなのかも知れない。

一回目の食事は、午前十一時半からのフジテレビのニュースである。お昼のニュースなのに二十五分やるから、見るようになった。最近出演するようになった斉藤舞子アナには、だから勝手に親しみを覚えている。悪いけど、男子アナは顔も名前も覚えていない。

月曜日だったら、そのまま『バイキング』も見る。サンドウィッチマンの地引き網が面白い。土曜日は、『ぶらぶらサタデー』を見る。有吉弘行と生野陽子が出演するときと、タカアンドトシと温水洋一が出演するときがあって、いわゆる町歩きで、面白い。こう見ると、お昼はフジテレビなんだな。評判が悪いらしいけれど、僕ん家では視聴率は高い。

日曜日のお昼は、tvkの『浅草お茶の間寄席』である。出演者によってもちろん当たり外れはあるのだけど、今では寄席番組はこれしかなくて、好きな落語家が出てくると、嬉しくなる。

夕方の二回目の食事は、五時からのTOKYO MXの『5時に夢中!』である。コメンテーターの自由気ままな発言が話題になっているけれど、僕はふかわりょうが面白いと思う。逆に言うと、他の番組ではどうしてあんなに面白くないのだろう。不思議である。

夜のお酒は、月曜日は十一時からのtvkの『キンシオ』をつける。キン・シオタニというイラストレーターがあっちこっち行くというもので、初めて見たときはびっくりした。基本的に出演者はこの人だけで、歩きながらずっと喋っている。面白いのだか面白くないのだかも、分からない。

しかし、これは人気番組のようで、去年の大晦日は生放送で三時間ぐらいやっていた。一昨年の一月一日も、再放送を何時間もやっていた。つまり、僕はそれを見ていたということだ。ひとつ気になっているのは、この人が食事中も帽子をかぶっているということだ。いいのかな、あれ。BGMはビートルズが多いから、いっか。

水曜日は十一時十五分からの、テレビ朝日の『マツコ&有吉の怒り新党』を見る。どうでもいい質問にマツコ・デラックスと有吉弘行が答えるというもので、このふたりが自分の問題として考えるところがいい。木曜日の『アメトーーク』も、同じ時間だろう。人気番組だから、みんな知っているよね。

金曜日の十二時二十分からは、テレビ朝日の『タモリ倶楽部』だろう。この番組はタモリがやる気のないところが面白かったのだけど、あるときから彼が好きな地形や鉄道をテーマにするようになって、そういうときは人が変わるというのも、面白い。こう見ると、夜はテレビ朝日なんだな。昼はフジテレビで夜はテレビ朝日なのか、今迄気づかなかったな。

食事の時間以外に見るのは、まず大相撲である。可能ならば午後三時から見るし、外出していても午後五時半には帰宅出来るようにする。

野球は日本テレビでさえも、巨人戦をほとんどやらなくなった。tvkはDeNAベイスターズ〔通称。二〇一四年当時の正式名は横浜DeNAベイスターズ〕戦を、よくやっている。僕はヤクルト・スワローズのファンなので、ベイスターズ対スワローズ戦だけは見ている。スワローズに関しては、いつか書くことになるだろう。

不思議なのはTOKYO MXで、ソフトバンク・ホークスの試合をよくやっている。クライマックス・シリーズの対日本ハム・ファイターズ戦は、全試合終了まで放送していた。僕も見た。あの視聴率は凄かったんじゃないかな。

金曜日の午後三時からのtvkの藤田まこと『必殺』シリーズの再放送も、見ることがある。

僕はこの番組をオン・タイムで見たことは一度もなくて、これで初めて見たのだと思う。それにしても、この再放送はいつからやっているのだろう。五年や十年じゃないよ。

酒を飲んでいるときにはもっと見ているはずなのに、番組名が思い浮かばない。つまり、番組に関係なく、ビートたけしとかオードリーとか好きな人が出演しているところに、チャンネルを合わせているだけだからなのだろう。


『モンキーズ』は、アメリカのテレビ番組だった。一九六六年、ロック界のトップにいたのはビートルズで、『ア・ハード・デイズ・ナイト』、『ヘルプ！』の映画もスーパーヒットしていた。それをそのまま、やってしまおうというのだ。主人公は無名のバンドで、『ルーシー・ショー』や『奥様は魔女』のようなコメディーである。

オーディションで決まったのは、ミッキー・ドレンツ、マイク・ネスミス、デイヴィー・ジョーンズ、ピーター・トークの四人だった。四人共音楽活動をしていたのだけど、当然ここには俳優のつもりでやってきた。モンキーズという架空のバンドのメンバーを、演じるのである。どこも間違ってはいない。

制作側はテレビ番組といっしょに、モンキーズのレコードも作るという、ノヴェルティーのようなものだろう。テレビ番組はヒットした。そして、レコードも大ヒットした。

ここで、問題が起きた。モンキーズは作曲も出来ないし演奏も出来ないという、バッシングが始まったのである。彼等は作曲も出来るし、ギターを弾くことも出来る。しかし、これはテレビの中の架空のバンドだから、制作側の言うとおりにしていただけである。

制作側はそれまでの六〇年代アメリカン・ポップスのやり方を、そのまま行なっただけである。プロの作家に曲を書かせて、スタジオ・ミュージシャンに演奏させて、若くてルックスのいい歌手を探してきて、歌わせる。

つまり、テレビ番組の中の実在しないバンドだったのに、レコードが大ヒットしたためにモンキーズはひとつのバンドとして認識されてしまったのである。そういうことなら、自分達の曲で自分達の演奏でレコードを作りたいというメンバーの主張もおかしくはない。

擦った揉んだした結果、メンバーの言うとおりにレコードを作ることになった。架空のバンドが、本当のバンドになった。しばらくは、良かった。そのうちにテレビ番組が終わると、人気は急降下した。ひとり抜け、ふたり抜け……。いつのまにか、モンキーズはいなくなった。

どちらも間違ってはいなかったと、僕は思う。ただ、モンキーズはテレビ番組の中だけのバンドだということを、強調しなかったのがいけなかったのだろう。制作側が作っていた曲も彼等が作った曲も、あの時代の匂いがしている。特に番組のテーマ・ソングだった「モンキーズのテーマ」は、今でも甘酸っぱい。

〈二〇一四年十二月号〉

日本のポップスとロックのスタンダード

ここ数年、優れたノンフィクション作品に出逢うことが、少なくない。なかでも、二〇一一年の佐藤剛の『上を向いて歩こう』は、興味深かった。僕もこういう仕事をしているので、日本のポップスやロックは、それなりに理解しているつもりだ。戦後、一気にアメリカ文化が入ってきて、ジャズ、カントリー、ハワイアン、ロックンロール（日本では、ロカビリーとして）がブームになった。

それが一段落してからビートルズやヴェンチャーズが登場してくるまでは、アメリカン・ポップスの天下だった。「上を向いて歩こう」はその時代の日本のポップスを代表する曲で、今日でも歌い継がれている。なんてったって、僕が小学校三年生で初めて買ったレコードが、「上を向いて歩こう」だった。あれって、まだどっかにあるんじゃないかな。

そういうわけだから、「上を向いて歩こう」に関する本は、何冊も読んできた。そのなかでも、佐藤の著作は白眉といってもかまわないだろう。「上を向いて歩こう」とともに、作曲者の中村八大を徹底的に調べあげている。古い資料も探し当てているし、人間関係も細い糸まで手繰っている。

I

これはおそらく、佐藤が長年音楽プロデューサーをしてきて、ミュージック・ビジネスを熟知していたから、出来たのだろう。彼がプロデュースしたミュージシャンやシンガーのなかには、ザ・ブーム、小野リサ、ハナレグミ、中村一義などもいる。

僕が理解していた中村八大は、「上を向いて歩こう」、「遠くへ行きたい」、「こんにちは赤ちゃん」、「おさななじみ」などのヒット曲を作詞の永六輔といっしょに作り、それらの発表の場であるテレビ番組「夢であいましょう」で、軽快にピアノを弾く人というものだった。「夢であいましょう」ではコントもやっていて、黒柳徹子とのそのひとつは今でも覚えている。

黒柳「中村八大さんは今日でバンドをやめるということです。本当ですか?」
中村「今日でバンドをやめます」
黒柳「残念ですね。で、明日からはどうするのですか?」
中村「明日からはズボン吊りにします」
（ちなみに、ズボン吊りというのは、サスペンダーのことである）

佐藤によると、中村八大は当時日本で一番人気のあったジャズ・ピアニストで、ニュー・ヨークのハーレムにひとりで行って、あのオーネット・コールマンとセッションをしてしまうという人だった。その後、日本のポップスの名曲を数え切れないぐらい作曲した偉大な人物なのである。

この本の中で、「上を向いて歩こう」のように日本のポップスを世界でヒットさせたいと、佐藤は書いている。その後、由紀さおりとピンク・マルティーニの『1969』がアメリカのジャズ・チャートで第一位になった。そのアルバムのクレジットを見て、びっくりした。プロデューサーが佐藤剛だったのだ。

そして、二〇一四年に佐藤が発表した『「黄昏のビギン」の物語』は、『上を向いて歩こう』の続篇といってもいいのかも知れない。「上を向いて歩こう」と同じように、中村八大と永六輔によって作られた「黄昏のビギン」が、どのようにして今のようにスタンダード・ナンバーになったのか、詳しく語られている。

一九九一年にちあきなおみがカヴァーしたことによって、「黄昏のビギン」は一般に知られるようになる。その後、中村美律子、木村充揮、石川さゆり、さだまさし、菅原洋一、中森明菜、中村中《あたる》、薬師丸ひろ子などに、カヴァーされている。もともと、一九五九年の水原弘の「黒い落葉」のB面だった曲である。そのストーリーを追う佐藤は、まるでミステリーのプライヴェイト・アイである。

日本のロックには、スタンダード・ナンバーが少ない。RCサクセション、矢沢永吉、松任谷由実、サザンオールスターズと、数多くのヒット曲を持つスーパースターはいる。しかし、「雨上がりの夜空に」はRCサクセションの曲であるし、「いとしのエリー」はサザンオールスターズのものである。そういうなかで、日本のロックのスタンダードといってもいいのは、

「時計をとめて」かも知れない。

グループサウンズ以後、日本のロックはフォーク・クルセダーズ、ジャックス、はっぴいえんどの三つのグループによって作られた。当時、レコードがヒットしたのはフォーク・クルセダーズだけだったのだけど、今では、ジャックスもはっぴいえんども高い評価を得ている。

僕はジャックスに衝撃を受けて、一九六九年には新宿厚生年金会館に高校の帰りに学生服のままでコンサートを見に行っている。コンサートが終わって外に出たら、新宿の町が数時間前とはまったく違って見えた。次の日には、初めてのオリジナル曲を作った。バンドのメンバーを、探すようにもなった。

「時計をとめて」は一九六八年の彼等のデビュー・アルバム『ジャックスの世界』に収録されていた曲で、ショッキングなデビュー・シングル「からっぽの世界」のB面曲だった。作って歌ったのはギタリストの水橋春夫で、彼はこのレコードの発表直後にバンドを脱退した。

ジャックス自体も翌一九六九年のセカンド・アルバム『ジャックスの奇蹟』を発表した時点で、解散してしまう。つまり、ジャックスはメジャー・デビューして一年で、二枚のLPを作って消えてしまったのである。

しかし、「時計をとめて」は、その後も生き続けている。この曲をカヴァーしたのは、同期といってもいいフォーク・クルセダーズから始まって、カルメン・マキ、南こうせつ、あおい輝彦、グラシェラ・スサーナ、ル・クプル、ウィンク、イースタンユースなど、かなりの数になる。

ドアーズと比べられたりもしたジャックスの曲のなかでも、もっともポップでソフトだったからなのかも知れない。アコースティックで演奏出来るような曲だったからなのかも知れない。実際に、『六〇年代の日本のフォーク』といったようなコンピレーション・アルバムに、収録されてしまったこともあったようだ。しかし、これはロックなんだ。

ワーズもミュージックも、真摯で筋が通っている。これだけカヴァーされているというのは、それだけ曲に魅力があったからだろう。

ジャックスを脱退した水橋は、レコード会社のディレクターになりフリーのプロデューサーになった。たくさんのヒット曲を作り、有名なところでは横浜銀蝿やウィンクがいる。

二〇一三年の秋、別のプロジェクトで、数年ぶりに水橋さん（こうなりますよ、やっぱり）と会った。何度か会っているうちに、水橋さんのリーダー・アルバムを作ろうということになった。それなら、もうひとり会っておいてもらいたい人がいるということで、元ジャックスのベースマン谷野ひとしさんと会ったのは、二〇一四年の一月だった。それから、何度も酒を飲んで、何度もスタジオに入って、『考える人』というアルバムが完成した。

水橋さんは二歳上谷野さんは四歳上ということで、こういう年齢になったら同じようなものである。しかし、なんてったって、彼等はステージの上で演奏していて、僕は客席で学生服で見ていたのである。

全十曲で、ギターは水橋さんベースは谷野さん。ヴォーカルは水橋さんが八曲で谷野さんが一曲、そしてついでに僕が一曲ということになった。それでも、この三人で、水橋春夫グループだという。いいんだろうか。僕の曲は、ジャックスへのオマージュで、三十年前にやりたかった音だ。もちろん、「時計をとめて」も録音した。

〈二〇一五年一月号〉

II

我らはヘルス《HEALTH》・エンジェルス《ANGELS》

しばらく着ていなかったジーパンを、久しぶりにはいてみたら、ちょっときつかったので、〝ああ、そうか〟と思い出した。これは夏に買った奴だったんだ。僕の体重は夏は六十二キロ冬は六十五キロで、だいたい一定している。やはり、暑さは堪えるのだろうし、寒さには皮下脂肪を蓄えるのだろう。

だから、夏に買った服は冬にはきつくなるし、冬に買った服は夏にはゆるくなる。なるべく春か秋に買うようにしているのだけど、つい買ってしまうこともある。奥から、夏にはずれてしまう、ウエストが一インチ上のジーパンを出してこよう。いや、二インチでも、大丈夫かな。

還暦を過ぎた男が体重を気にするなんて、どうかと思われるかも知れないけれど、僕は十キロずつ二回落としたことがあって、それからどうしてもヘルス・メーターが気になってしまう。

だから、痩せられないという人が、分からない。その気になれば、すぐに出来るはずだ。そうならないというのは、つまりこのままでかまわないと思っているということだろう。僕も八十六キロになるまでは、考えもしなかったものね。

かつて、僕は原稿を書く仕事とともに、歌を歌う仕事もしていた（今でも、ちょっとやっている）。その歌うのを止めたら、太り始めた。なんてったって、ステージで一時間半歌うというのは、かなりのエネルギーが必要になる。人に見られているというのも、どこかで関係しているのかも知れない。

ライヴ・ツアーが苛酷だということもあるのだけど、それはまた別の機会に。

ともかく、座って書くだけになったら、太り続けて、八十六キロにまでなってしまった。靴の紐を結ぶのが、難しい。駅の階段は御勘弁で、エレヴェーターやエスカレーターを探す。歩道橋は天敵で、こいつしかいないと向こうに渡れない。

そういうわけで、まず食事から見直した。当時は夜型だったので、昼過ぎに第一食、夕方に第二食、夜中に第三食、明け方に酒とつまみ、おまけに寝る前にもう一食。考えてみれば五食で、太らないほうがおかしい。これを三食にした。

そして、雨が降らない限り、自転車で三十分走って行く。行くということは帰るもあるので、一時間になる。用事がなければ行く所もないので、地図で調べてあっちこっちの図書館に向かうようにした。そこで本でも借りれば二週間以内にまた返しに来なければならないので、用事が出来てちょうどいい。

一日三回の食事と一時間の自転車で、一年間で十キロ落とした。そのときはこれでいいと思ったので、七十六キロで落ちついた。ところが、それから十年ぐらい経って、ＢＭＩというのを知った。それで、また始めて、六十二キロになったというわけである。

ＢＭＩというのは身長と体重で肥満度を計るというもので、体重÷身長÷身長で出す。これが二十五以上は、肥満ということになる。僕の場合でいうと、62÷1.76÷1.76で二〇・〇一である。これが八十六キロのときは、86÷1.76÷1.76で二十七・七六で見事にデブだった。七十六キロのときは、76÷1.76÷1.76で二十四・五三である。肥満一歩手前だったから、もう一度始めたのである。

僕の酒飲み友達の中には、明らかにBMIが二十五以上……ひょっとしたら三十以上あるのではないかと思われる奴が三人いた。そこで、居酒屋で会う度に、僕は彼等に減量を勧めた。具体的にいうと、「そんなに飲んだり食ったりしてんじゃねえよ、デブ！」と罵声を浴びせるというやり方である。居酒屋で飲み食いしているところに、同席している人間にこういうことを言われるというのは、彼等も不本意だったとは思われるけれど、僕は友の健康を心配していたのである。

その結果、二人が明らかに二十五以下になった。めでたし、めでたし。しかし、もうひとり、残っている。こいつが、手強い。「いつ、その着ぐるみから出てくんだい？」と訊いても、笑っている。「君は生まれたときから、首というものはなかったのかい？」と訊いても、笑っている。

そして、必ずフライド・チキンの大皿を注文して、自分の前に安置して、他の人間が箸を伸ばそうものなら、凄い形相で睨みつける。最近はもはや百キロを越えているようにも見えて、大相撲を見に行ったら入口で親方に「やってみないか」と誘われたのを僕も目撃している。どういうふうに減量を勧めればいいのか、僕も悩んでいる。「デブ、デブ、百貫デブ、お前の母ちゃん、逸ノ城……」かな、やっぱり。

ロック・ミュージシャンも若い頃はスマートだったのに、年齢を重ねて太ってしまった人が少なくない。

いつだったかも、DVDを見ていたら、グレアム・ナッシュがまるでレスリー・ウエストのような人を二人連れて出てきて、誰なんだろうと思っていたら、三人で「組曲：青い眼のジュディ」を歌い始めて、デヴィッド・クロスビーとスティーヴン・スティルスと分かって、びっくりしてしまった。

痩せているといったら、まず頭に浮かぶのはミック・ジャガーである。そういえば、ポール・マッカートニーは一時小太りになったこともあったのだけど、ミックはそういうことはない。

六〇年代七〇年代の〝セックス・ドラッグ&ロックンロール〟の時期もそうだったし、今でも変わらない。この前来日したときも、ゲストのミック・テイラーは関取クラスになっていて、ギターが弾ける指なのだろうかと不安になったのに、ジャガーのミックはスリムだった。

ミック・ジャガーには一九八七年にパリのホテル・ジョルジュ・サンクで、インタヴューしたことがある。どういうわけかインタヴューアーもミックと同じホテルに泊まるようにと指示されて、僕なんかには不釣り合いな高級ホテルに滞在したのだった。

会ってみたら、もちろん痩せていて、わりと小柄なように見えた。これは自分を基準にしているからなのだろうけれど、百七十センチぐらいだろうか。無事にインタヴューを終えて、あとからテープを聞いて驚いた。僕の質問に対して、答はすべてはぐらかされていたのである。ところが、インタヴューしていたときには、そんなことにはまったく気がつかなかった。スーパースターというのは、凄いものだなと思った。

そのときに周囲のスタッフから聞いたのだけど、ローリング・ストーンズのツアー中のミック・ジャガーはまるでアスリートなのだそうだ。朝、起きると、ガードマンとトレーナーといっしょに、ホテルのまわりをランニングする。朝食のあとは、トレーナーとストレッチをする。昼食のあとは、別のトレーナーとヴォイス・トレーニングをする。そのあと、会場に入って、スタッフと綿密に打ち合わせをする。そして、ステージに向かう。

たしかに、そうでなければ、あの年齢であの体形で、一時間半歌って踊れないだろう。もはや、ドラッグもセックスもないのだろう（いや、セックスは分からないか）。

ミック・ジャガーといったら、あれはプロモ・ビデオだったか『ロックンロール・サーカス』だったか、赤い長袖Tシャツで歌うストーンズの「ジャンピン・ジャック・フラッシュ」がかっこ良かったのが、忘れられない。

しかし、去年だったか、ハリケーンのチャリティー・コンサートで、この曲を歌ったのには、仰天した。何か気に入らないことでもあったのだろうか。

〈二〇一五年二月号〉

変化と結果

大相撲は一月、五月、九月が東京で、三月は大阪、七月は名古屋、十一月は福岡で開催されている。この一年に三回の両国場所は、必ず一日は見に行くようにしている。今回の初場所は、初日の一月十一日〔二〇一五年〕に行った。いつもの相撲好きの仲間五人といっしょだった。

もう十年以上、相撲人気は思わしくなくて、初日、中日、千秋楽の三回の日曜日以外は、フルハウスにならないという状態が続いていた。ところが、この一年ぐらいで流れが変わって来て、この初場所は十五日間満員ということになった。

これは、やはり遠藤という新しいスターが登場して来たからだろう。いつだって、どこだって、ひとり新しいスターが出て来ると、その世界は変わる。それがきっかけで見てみたら、他にも興味深い力士がたくさんいたということだろう。いるんだよ、いっぱい。

横綱一歩手前で足踏みしている稀勢の里、ようやく大関になった豪栄道、次の大関を狙っている栃煌山や高安（この二人は顔がそっくりだ）、ルックスは抜群の隠岐の海や勢《いきおい》、初のアフリカ出身の大砂嵐もいれば、心肺に問題を抱えながら突っ込んで行くフィリピンとのハーフの舛ノ山もいる。

四十歳で勝ち越して記録を作った旭天鵬、何をするのか分からない安美錦、キャリア二十三年の若の里といった、ヴェテランもいる。そして、逸ノ城や照ノ富士という、新しいモンスターも上がって来た。

そういうわけだから、一年前とは大違いで、チケットも入手しづらくなってきた。仲間の一人のS君がいつも手配してくれるのだけど、今回は六人が並んで座ることが出来なかった。会場を見ていると、十人二十人という団体が多いようだ。ぽかっと空いていた一列が、いつのまにか埋まっていたりする。

グッズ売り場などもごったがえしていて、すぐには近づくことも出来ない。相撲協会もその気になったようで、グッズの種類も多くなっていて、ガチャガチャまであったのには、びっくりした（やってみたら出て来たのは日馬富士だったので、あとで居酒屋で隣になった人にあげちゃった）。

さて、相撲を見ていて、一番がっかりするのは、立ち合いで右や左に変化することである。相撲でもなんでもない。今の横綱の白鵬も日馬富士も鶴竜も、三人ともこれをやる。ときにはブーイングが起こることもあるけれど、もはや馬鹿馬鹿しくなってそれさえもしない。

僕が覚えている限りでは、横綱が変化したのは、お兄ちゃんの若乃花が引退した場所に、一度やっただけである。あのときはみんなもうこの場所で引退だろうと思っていたから、誰も騒がなかった。

しかし、まだまだ先のあるモンゴル三横綱が、一場所で一回は必ずこれをやるというのは、相撲をなめているとしか思えない。大器の逸ノ城までやったのには、驚いた。また、日馬富士や鶴竜が負けても、座布団の一枚も飛ばないというのは、本人はどう思っているのだろうか。今のうちになんとかしなければ、記録にも記憶にも残らないだろう。

そして、場所後に、白鵬が審判を批判したのは、考えさせられた。十三日目の対稀勢の里戦に物言いがあって、取り直しになったのはおかしいという。白鵬は子供でも分かると言っていたのだけど、少なくとも大人の僕は分からなかった。それで、検証し直されて、白鵬の足の甲がついていたことが、明らかになった。

僕は大横綱というのは大鵬、貴乃花、白鵬の三人だと、ずっと思っていた。そこから、数年前から白鵬が消えた。前述のような立ち合いの変化もあるし、ともかく土俵態度が良くない。それが顕著になったのは二年前の一月からで、つまり大鵬が亡くなってからである。

白鵬は大鵬を尊敬していて、注意されると素直に従っていたという。つまり、白鵬に苦言を呈することが出来る人が、いなくなったということである。もともと、白鵬が上がって来たときには、朝青龍というヒールの横綱がいて、白鵬は彼を反面教師にして、ベイビーフェイスの立場になったのである。それが、三十三回の優勝で、変わることになったのか。

だいたいが、白鵬は人気のある力士に厳しい。壁になると言えば聞こえはいいけれど、やり過ぎにしか見えない。これまでの一番人気は稀勢の里で、むきになって行くから隙も出来て今場所のようなことにもなってしまう。対遠藤戦などは、仕切りで睨みつけて、立ち合いで顔面を張って、エルボーを食らわせて、まるで町の喧嘩で、とても横綱の相撲とは思えない。

よく分からないのが、白鵬や日馬富士のように、立ち合いから一気に自分の形になって勝つことを、横綱相撲と言っていることだ。僕が聞いてきた横綱相撲というのは、まったく逆である。

双葉山がそうだったと言うし、全盛期の大鵬や貴乃花もそうだった。まず、相手充分の形にしてやる。そして、相手がしめたと思って得意技を掛けても、まったく利かない。そこから圧倒的な力で勝つのが、横綱相撲だと聞いていた。

ただただ勝てばいいというのは、大関までの相撲だろう。しかし、日馬富士や鶴竜がそんなことをしたら、勝てないだろうな。今からでも遅くないから、白鵬がそういう相撲を取ってくれないかな。大横綱になれるのに。

まあ、どうのこうの言っても、相撲は面白い。国技館に行くと、僕が必ず応援する力士が三人いる。ひとりは前記の旭天鵬で、「レジェンド！」と叫ぶ。ひとりは宝富士で、マツコ・デラックスにそっくりなので、これはからかっていると思われると困るので、小さく「マツコ」と呟く。もうひとりは琴欧洲に続くブルガリア出身の碧山で、本名がダニエル・イヴァノフなので、「ダニエル！」と声を掛けるのだけど、その理由は……。

ミュージシァンはそのキャリアとともに、変化して行く（立ち合いの変化じゃないよ）。ロック自体が変わって行くものだから、これは当然である。だいたい、六〇年代七〇年代には、ロックはそんなに長く出来るものだとは思われていなかった。だから、「ドント・トラスト・

オーヴァー・サーティー」と言われていたのである。二〇代の数年間だけしか、活動出来ないものだと考えられていたのだ。ところが、今は五〇代六〇代は当たり前で、ポール・マッカートニー、ボブ・ディラン、ローリング・ストーンズ、ビーチ・ボーイズなどは七〇代である。変わらないわけには行かない。いや、変わらざるを得ない。

エルトン・ジョンは至極真っ当なシンガー・ソングライターとして、登場した。次に、ポップなロックンローラーの顔をあらわした。ダイアナ妃が亡くなったときには「キャンドル・イン・ザ・ウインド」を歌って、イギリスの国民的歌手のような立場になった。今では、ポールやストーンズと同じように、エンターテイナーの最高峰にいると言ってもいいだろう。

ほとんどの人が持つ彼のイメージは、ちびで小太りで眼鏡のゲイというものなのではないだろうか。しかし、そう思われても、今のエルトン・ジョンはかまわないだろう。ここまで、来たのだから。ゲイとして、結婚もしたのだから。

エルトン・ジョンがロックンローラーとしての変化を決定的にしたのが、一九七三年の『ピアニストを撃つな!』だった。ここには「クロコダイル・ロック」も収録されていたのだけど、なんといっても「ダニエル」である。エヴァーグリーンなブリティッシュ・ポップ・ロックである。そこから名曲を作り続けて、ここまで来たのである。

〈二〇一五年三月号〉

一九七一年に二十歳だった

〝ロック喫茶〟というのを、知っているだろうか。「小説すばる」のSさんは知らなかったから、おそらく今の若い人達は知らないんだろうな。ジャズ喫茶とか名曲喫茶とかは、知っているでしょ。あのロック・ヴァージョンである。

つまり、質の良いオーディオで、大音量でロックのレコードがかけられている店である。ジャズやクラシックのそれでは、ただ座ってコーヒーを飲みながら聴くだけで、店によっては、喋ってもいけないところもあるという。

そういう堅苦しいところは苦手なので、僕は行ったことがなかったのだけど、最近なんとなく気になって、一度入ってみようかと思っている。本か雑誌を持っていけば、しばらくは持つだろう。

で、ロック喫茶というのは、ジャズやクラシックのようにはやかましくない。大音量で聴きたい人はスピーカーの近くに座ればいいわけで、そうではない人は離れたところに席を取ればいい。昼間はコーヒー紅茶でも、夜は酒になる。当然、音量も下がる。

七〇年代には、そういうロック喫茶がたくさんあった。その当時、僕は武蔵境に住んでいたので、中央線沿線にも行ったけれど、やはり基本的に新宿だった。あの時代の若者の一番の盛り場は、なんといっても新宿だった。だから、今行くと、恥ずかしいような気がすることがある。

しかし、二〇一五年、ロック喫茶はどうなっているのだろう。友達と酒を飲んでいて、二軒目にロックの匂いのする店に入ることもある。ところが、だいたいはちょっと大きめのBGMぐらいで、迫力がない。すぐに、別の店に行くことになる。

二十歳のとき、僕はバンドをやっていた。練習が週に二回で、仕事が月に一回だった。それ以外は、アルバイトをしていた。「ロッキング・オン」は一九七二年の夏の創刊で、一種の同人誌のようなものだったから収入を得られるようになるのは何年か後のことになる。

それだけ金がないというのに、週に二日はSというロック喫茶に行って酒を飲んでいた。こういう店に来る人間というのは同じような匂いがするので、すぐに仲間になる。つまり、まだロックは不良の音楽と言われていて、ある種の弾圧を受けていたのである。長髪ジーパンで歩いていると、夜などは酔っ払った若いサラリーマン達に囲まれて「お前は女か」と罵倒された（この世で一番質が悪いのは、徒党を組んだ酔っ払った若いサラリーマンである!）。

そういうわけだから、Sに行くと少なくとも十人は仲間がいる。座ると、その中の誰かのウイスキーのボトルが渡される。それを飲んでいれば、金がなくてもいい。もちろん、金があればボトルを入れて、次に行ったときに四分の一ぐらいになっていても、それでいい。

今思うと不思議なのは、ああいう危ない時代の危ない新宿の夜なのに、男だけではなくて、女の子もいたことである。Sでいっしょに酒を飲む仲間は二十人はいて、三分の一から四分の一は女の子だったと思う。成田に行ってきた活動家の話を聞いたり、猪木派と馬場派が論争したり。そういうところに、女の子達も加わっていたのである。

その中に、ひとりの美少女がいた。あまり、自分のことは話さない。どうも、美術の学校に通っているらしい。彼女がスポーツカーに乗っているのを見たという奴がいる。ミステリアスで、ちょっと離れた存在である。僕もそれほど話すことはなかった。

あるとき、僕達のバンドのライヴに、彼等が十人ぐらいで来てくれた。ライヴといっても前座のようなものだから、終わって楽器を片づけてもまだ十時ぐらいだった。で、Sへ行ったら、さっき来てくれたほとんどがいて、酒を飲んでいた。で、みんな「良かったよ」と言ってくれる。

ライヴの後だから一時間ぐらいで帰ることにして、ドアを開けたら「私も行くから」と言って美少女が立ち上がった。新宿駅までいっしょに歩きながら、彼女が「今日のライヴ、良かったよ。格好良かったよ」とやたらと誉めてくれる。

腕を組んでくる。もちろん、こんなことは初めてである。僕はどぎまぎして、それを悟られないように演奏した曲の説明をした。二の腕に彼女の胸を感じ、髪の匂いがする。

角を曲がって細い道に誰もいないのを見て、僕は彼女を抱き寄せてキスをした。嫌がられるかも知れないと思ったのだけど、濃厚に応えてくれた。十分ぐらい、そうしていただろうか。

彼女は離れて、「終電、行っちゃうよ」と言った。

新宿駅で彼女は明るく笑って、「じゃあね」と言って走って行った。僕は幸せな気分で、なにもかもうまくいくように思った。いつもはうっとうしい中央線の酔っ払いも、気にならなかった。口元はほころんでいただろう。

当然、彼女に会いたいから、次の晩もSに行った。しばらくして、彼女が来た。しかし、普通に挨拶をしただけで、他の席に行ってしまった。勇気を出して話しかけても、いつもと変わらない。ひょっとしたらと思って、「じゃあ、帰るね」と言って店を出ても誰もついてこない。あれはいったいなんだったんだろう。

今思うと、あの日だけの御褒美だったんだろうな。中学生男子も馬鹿だけど、二〇代前半男子も馬鹿である。

あの時代に一番人気があったのはハード・ロックで、レッド・ツェッペリンとディープ・パープルが二大バンドで、ロック喫茶でも、一日に一回は必ず流れていた。今ではツェッペリンは知的に考察されることが多いけれど、パープルはそういうことはない。

なんてったって、ツェッペリンはジョン・ボーナムが亡くなって潔く解散したのに、パープルは今でも存在している。ともかく、メンバー・チェンジが多いバンドで、一度脱退して再加入するなどというのも当たり前である。

とりあえず、一九六八年のレコード・デビューから、三十五周年の二〇〇三年までに、五人編成のパープルに在籍した人数を調べたら、十三人の名前が挙げられた。今年は四十七年目だから、そろそろ二十人ぐらいになっているんじゃないかな。

ジョン・ロード（キーボード）、リッチー・ブラックモア（ギター）、イアン・ペイス（ドラムス）、イアン・ギラン（ヴォーカル）、ロジャー・グローヴァー（ベース）の第二期が全盛期だったということに、異を唱える人はいないだろう。一九七〇年から一九七三年までの四年間で、四枚のスタジオ・アルバムと二枚のライヴ・アルバムを作っている。

ともかく、この頃のパープルは熱い。そして、走っている。しかし、どうして熱いのか分からない。どこへ走っているのか分からない。刹那的と言っても、いいかも知れない。説明不可能である。

しかし、だからこそ、パープルはロック・ファンに支持されたのだろう。一九七三年に目的地を知っていた奴なんか、いなかった。熱くなっていなければ、酔っ払ったサラリーマンに勝てなかった。実際に、勝ったことがあるからね。

酒を飲んで友達のアパートに泊まった、次の朝だった。選挙中だったので、やたらと名前を連呼する車が何台も通った。つい数時間前まで飲んでいた僕達は、もう少し寝ていたかった。しかし、うるさい。

何を思ったのか、アパートの前の普通の道に一台が止まって演説を始めた。僕はのろのろと起き上がって、パープルの「ハイウェイ・スター」を大音量でかけた。二分後、選挙カーはいなくなった。二〇代前半男子も、たまには馬鹿じゃないときもある。


〈二〇一五年四月号〉

ふるさとへ廻る六部は……

内田百閒は岡山で生まれ育って、大学に入学するために東京にやって来た。以後、亡くなるまで、ほとんど岡山に帰ってはいない。造り酒屋の生家が破綻して、父親が亡くなっていて、母親を東京へ呼び寄せていたということもあって、帰らなかったのだろうか。あの阿房列車でも、一度も行ってはいない。

ところが、少年時代の岡山の思い出は、数え切れないぐらいにエッセイに書いている。故郷の岡山には愛着があるのだけど、ずいぶんと変わってしまったと聞いて、それを見るのは嫌だという文章もあって、それはなんとなく分かるような気もする。

あれはもう二十年ぐらい前のことになるだろうか、広島に仕事で行ったあとに、僕は岡山に二泊して、百閒ゆかりの場所を歩いたことがあった。生家と思われる大きな建物には、蔵も見えた。家の前には牛の像があって、その由来を何かで読んだようにも思うのだけど、周囲には何の説明もないので、判然としなかった。あれは本当に生家だったのだろうか。

東京へ帰る日は十二月三十一日で、岡山城のあたりを歩いていたら雪が降ってきた。もう十数時間で今年が終わるというのに、少年の百閒が歩いていた道にいるというのは、非現実的であって、不思議な感じだった。

一番奇妙だったのは、百閒の生家の前の道に出たときに、懐かしいと思ったことで、あれはいったいなんだったのだろうか。リヴァプールでも同じ気分になって、こちらはビートルズ・ストーリーを繰り返し繰り返し読んでいたからだろう。

ジョン・レノンやポール・マッカートニーの育った家に行けば、これも百閒の生家と同じように、少年の彼等が歩いた道であって、タイム・スリップしたようだった。彼等の行きつけだったというパブへ行けば、あの当時から改装していないというので、ということはトイレもそのままということだから、ジョンがしたところで自分もおしっこをしていると感激して震えた……何を書いてんだか、僕は。

僕が生まれ育ったのは、東京の城南地区の大森である。二十代で家を出て、年に何度かは行っていて、ここが故郷だという思いは、たしかにあった。

一度、子供時代を書くことがあって、生家を中心にして、自分が動きまわっていたところを歩いてみようと決めた。小学校や中学校はもちろんで、野球をした広っぱや、仲の良かった友達の家や、裏道も全部である。二日はかかるだろう。いや、三日必要かも知れない。

で、初日の午前十時に大森駅に着いて、歩き始めた。驚いたのは、午後一時にはあらかた終わってしまったことだった。僕は三時間の中で生きていたということになる。道が狭く感じたのはもちろんかつては小さかったからであって、歩幅もずいぶんと違っていることだろう。

大森はそれほどは大きく変わってはいないようで、メイン・ストリートの柳本通り（今は池上通りというらしい）も裏道もかつてと同じである。ときどきテレビに出るダイシン百貨店〔二〇一五年当時〕は家の斜め前にあって、今のように大きくはなかった。

そのときはこの三時間が自分の故郷だと確認したのだけど、十数年前に母親が亡くなったら、そういう意識がなくなったのは、自分でも意外だった。つまり、大森が故郷だったのは、母親がいたからであって、いなくなってしまえば、単によく知っている町にすぎない。

母の死後、その家をどうするかということで、親戚と陰々滅々な交渉を何か月もしてからは、もう大森に行く気はなくなった。だから、十年は行っていないだろう。

あるとき、ふと気がついて、グーグルのストリート・ヴューで見てみたら、そこは工事現場になっていた。おそらく、僕が生まれ育った家は壊されて、マンションでも建っているのだろう。

もはや、そこが僕の故郷だという証しさえも、なくなってしまった。三時間の行動範囲も、消えたようなものだ。電車に乗れば一時間で着くのだけど、僕とは無縁の地といってもいいだろう。もう、二度と行くことはないだろう。

これから新しい故郷を探すといっても、もう六十四歳である。「ホエン・アイム・シックスティーフォー」だ。

先祖は南部藩の侍だったというから、東北に目を向けてみようかな。

ビートルズの「イン・マイ・ライフ」は、ジョン・レノンの名曲として知られている。故郷のリヴァプールをイメージしていて、そこには思い出の人々がいて、僕の人生ではとても大切なところだけど、それ以上に君を愛している。そういった内容である。間奏がバロック調で、落ちついた名曲である。

一九六五年の『ラバー・ソウル』に収録されている一曲で、ヒット・ソングではないのに愛されている作品である。実際に、「小説すばる」のSさんは「イン・マイ・ライフ」も『ラバー・ソウル』も題名は知らなかったのに、アルバムを聴いたら全曲知っていたそうだ。

こういうふうに書けば、ジョンが充実していた時期だと思うだろう。しかし、僕はそうは思っていない。この頃のジョンは病んでいたと考えている。少なくとも、心の引きこもりのようになっていたはずだ。

このとき、ジョンは二十五歳である。しかも、世界一有名なロック・バンドのリーダーである。そういう人間が、故郷のことなど考えるだろうか。だいたい、ビートルズがリヴァプールからロンドンへ来たのは一九六三年だから、たった二年前のことなのである。

ジョンのこの傾向は、一九六四年から始まっている。一九六四年といえば、ビートルズがアメリカで大ブレイクした年で、「抱きしめたい」や「ア・ハード・デイズ・ナイト」で、世界のトップに立ったときだった。

その年の終わりに発表された『ビートルズ・フォー・セール』のジョンの曲は、「ノー・リプライ」、「アイム・ア・ルーザー」、「アイ・ドント・ウォント・トゥー・スポイル・ザ・パーティー」とすべて悲観的なものばかりである。電話に出てくれない、僕は負け犬、パーティーの邪魔はしたくない……。次の『ヘルプ！』は、もちろん「ヘルプ！」、「ユーヴ・ガット・トゥー・ハイド・ユア・ラヴ・アウェイ」、「ユーアー・ゴーイング・トゥー・ルーズ・ザット・ガール」……。

ビートルズを結成したときのジョンは、レコードをヒットさせて、有名になって、金持ちになりたいと思っていただろう。しかし、望みどおりのスーパースターになったら、それは自分が考えていたものとは、まったく違うものだということに、気がついたのだろう。セレブになんか、なりたくなかったのだろう。それで、自分を否定して、「ヘルプ！」である。

正直に書いてしまえば、ビートルズ解散後、ジョンが「ヘルプ！」は本当に助けてもらいたかったんだと発言して、分かったことである。そういう深刻な内容でも、見事にポップに作ってしまう。才能があるからだ。才能があり過ぎるというのも、考えものなのかも知れない。

そして、「イン・マイ・ライフ」になると、二十五歳のスーパースターは、そうなる前の思い出に逃避してしまう。『ラバー・ソウル』には、存在を消した「ひとりぼっちのあいつ」まである。

ジョンが元気になるのは、一九六七年の「アイ・アム・ザ・ウォルラス」からである。その頃からヨーコ・オノと付き合い始めたという事実がある。

〈二〇一五年五月号〉

再生せよと神が言った

昨日、四月二十三日〔二〇一五年〕、ポール・マッカートニーの東京公演一日目に、東京ドームに行って来た。正直に言って、滅茶苦茶に素晴らしかった。

ソロのポールの一回目（一九九〇年）も二回目（一九九三年）も、彼は五十歳あたりでしっかりと元気で、四回目（二〇一三年）五回目（二〇一五年、つまり今回ね）も、七十歳を過ぎたというのに良かった。ロックンロールのエンターテイナーとして、ポールが顕わになっていた。

そういうコンサートを見た後はどうなるかというと、当然会場に居合わせた友人と酒を飲みに行くことになる。今、〝居合わせた〟などと、あたかも偶然出逢ったかのように書いたのだけど、もちろん前日までに打ち合わせてある。

「僕は、一日目の二十三日と三日目の二十七日のドームと、二十八日の武道館に行く予定なんだけど、君はどうなってんの？」と仲間のスケジュールを訊いて、待ち合わせ場所を決めて（だいたいは、後楽園ホールの前だ）、繰り出して行く。

終わるのが午後九時四十分頃だから、ドームから脱出するのは早くても十時で、遅くなると十時十五分ぐらいになってしまう（困ったもんだ）。それから始めるというと、終電までには一時間ちょっとぐらいしかないけれど、ポールを見た日は、やはり仲間達と語り合いたい。

で、昨晩待ち合わせた友人達は、みんな同じ私鉄の数駅しか離れていないところに住んでいた。そういうわけだから、早急にそちら方面に移動して、そのあたりの一番大きな駅の、朝までやっている居酒屋に向かうと決定した。

約一時間後、五十六十のいいお父っつぁん達が、コンサートのプログラム（三千円だ）やポールのTシャツ（四千円だ）を抱きしめて、乾杯をする。話は尽きないし、ビール一杯が二杯になり焼酎一杯が二杯三杯になる。

ひとりが眠くなってきたと言い、時計を見たら午前三時十五分になっていた。じじいは早寝早起きなのである。僕も最後に朝まで飲んだのは、十年ぐらい前だろう。うまくタクシーを捕まえることが出来て、家に着いたのは三時半ぐらいだったんじゃないかな。

そして、本日、なんとか午前中に起き上がって、まずやらなければならないことがある。玄関を入ったところに、着ていた服と持っていた荷物が放り出されている。最近は、外で少し多めに飲んだ日は、必ずこういうことになっている。それを片づけなければならない。

しかし、その前に、もうひとつチェックしなければならないことがある。昨晩はポール一色だったので、ヤクルト・スワローズの試合結果を知らない。四月二十三日、スワローズはドラゴンズに三対一で負けていた。こないだいいピッチングを見せてくれた新垣が、負け投手になっていた。しかし、十三勝九敗で、一位タイである。並んでいるのは、ジャイアンツとかいうチームらしい。

　思えば、四月十七日、スワローズはベイスターズに三対一で勝って、なんと二〇一二年五月以来の単独首位になった。この日のエース小川は六回まで完全試合で、四番雄平はホームランを打っている。

　スワローズ・ファンは、この三年、耐え難きを耐え、忍び難きを忍んできたのである。いや、三年どころではない。最後に優勝したのは二〇〇一年だから、十四年になる。あのとき生まれた子供は、もう中学生である（あのとき就職した青年は、もうリストラされているだろう）。

　去年のスワローズの成績は……最下位である。それも、チーム打率が二割七分九厘とトップなのに、チーム防御率が四・六二とビリなのである。つまり、打者はガンガン打って、投手はガンガン打たれるという、まことに潔い試合を好んでいたのである。さすがに青山に球場がある、東京のチームである（あの球場の前には、一九六九年に僕を退学にした神をも恐れぬ高校がある）。

　そして、小川監督と荒木ピッチング・コーチが解任された。これはひどいと思った。小川監督は最下位といっても、ろくな補強もしていなかったじゃないか。荒木コーチは次の監督だと、ファンは思っていたんだぞ。

　しかし、現在の成績を見ると、これは真中監督と高津ピッチング・コーチは正しかったのだろう（小川さんは編成部シニア・ディレクターになっている）。去年は小川と石川しか当てにならなかった投手も、防御率は一点台だ。バレンティンとミレッジという二人の大砲が怪我でいなくても、雄平、川端、山田、畠山が点を取っている。

最近のスワローズは四月五月は良くて、Aクラスにいるのだけど、セ・パ交流戦で負け続けて、Bクラスに落ちて、十月までそのままという、趣《おもむき》のあるチームだった。だから、今年も油断は出来ないけれど、ひょっとしたらひょっとするかも知れない。

僕も反省しなければならない。野村監督や若松監督で優勝していたときには、よく神宮球場に行っていた（球場に入るときに、必ずその前の高校に馬鹿と言うことにしていた）。ところが、最近は横浜球場で対ベイスターズ戦を見るだけだった。

今年も四月四日に行って、六対二で勝った試合を見ている。この時点では五勝三敗で、スワローズはドラゴンズとタイガースとともに一位だった。そのときはまだ始まったばかりだしと思っていたのだけど、どうも今年は違うようだ。神宮球場へ行って、「馬鹿！」と叫んでからスワローズを応援しよう。


野球のチームに良いシーズンと悪いシーズンがあるように、ロック・バンドにも良い時期と悪い時期がある。一度ブレイクしたのに、アルバム・セールスが悪くなる。コンサートにも、観客が集まらなくなる。バンド内部がぎこちなくなって、不仲になる。

そこで解散してしまうか、立ち直るか。そこが肝である。僕が見てきた限りでは、ほとんどの場合は解散してしまう。しかし、それまでとは別の形で、再生するグループもいる。

ビージーズはバリー、ロビン、モーリスのギブ三兄弟のグループだった……と書いてみて、どうも最近ハウリングなど起こさないようなグループを書くことが多いなという気がしてきた。実際に、元ジャックスというハウリングだらけのような先輩達と活動しているからなのかも知れない。

でもって、ビージーズは一九六七年にイギリスでレコード・デビューするときに、ギタリストとドラマーを加えて、五人編成のバンドになった。ヒット曲は数え切れないぐらいにあって、「ニュー・ヨーク炭鉱の悲劇」、「ラヴ・サムバディ」、「ホリデイ」、「マサチューセッツ」、「ワールド」、「ワーズ」、「獄中の手紙」、「ジョーク」、映画『小さな恋のメロディ』の「メロディ・フェア」、「若葉のころ」……。

しかし、一九六九年頃からメンバーの仲が悪くなってきて、数年後には解散状態になってしまう。普通はここでおしまいなのだけど、さすがに血は水よりも濃しで三兄弟で再び活動を始める。それが今までのような美しいバラードではなくて、ディスコだったのにはびっくりした。「ジャイヴ・トーキン」、「ユー・シュッド・ビー・ダンシング」、「ステイン・アライヴ」、「恋のナイト・フィーヴァー」……。

カムバックしたのは喜ぶべきなのだろうけれど、我々のような人間は、ビージーズだったら、やっぱり変身前で、「ラン・トゥー・ミー」あたりは、今でも泣けてくる。だけど、生き残るのは、やはり大変なのだろうな。

〈二〇一五年六月号〉

還暦過ぎても若者である

反省しています。好い気になっていました。丼鉢《どんぶりばち》ゃあ浮いた浮いたステテコシャンシャンでした。「火焔太鼓」の甚兵衛さんが三百両貰ったときのような心持ちで、お内儀さんが横にいたら「座り小便して馬鹿になるなよ」と言っちゃいそうな了見でした。

先月号〔二〇一五年六月号〕で、ヤクルト・スワローズが首位に立って、今年は「ひょっとしたらひょっとするかも知れない」などと書いたのは、僕です。あれが四月二十三日で、それからゴールデン・ウィークが始まって、スワローズは調子を落として五月四日から七連敗で、なんと最下位になってしまいました。

それでも負け癖は直らず、五月十六日まで九連敗ということになって、宵越しの金は持たないと言いたくても、無いンだからしょうがない。それでも、セ・パ交流戦開始前の五月二十四日には、二十二勝二十五敗で四位まで戻しました。スワローズは四月はAクラスにいて、セ・パ交流戦でまとめて負けて、Bクラスに転落して、十月までそのままという姿勢を、もう何年間も貫いてきたン。そうするってェと、今年はこれからどうなるんでしょうな。

四月に首位になったから、早々と交流戦前にBクラスになってこのままなのか。いや、今迄首位も交流戦前のBクラスもなかったから、これから先は例年とは違ってAクラスに向かって行くのか。慣れないことをされると、ファンも戸惑うン。とりあえず、交流戦を気をつけて見よう。そういえば、今年いつもと違うのは、ベイスターズが強いことである。五月二十四日現在、二十九勝十九敗で首位である。この時点で貯金十は、大きい。スワローズのように九連敗などというのさえやらかさなければ、Aクラスは間違いない。

思えば、スワローズが首位のとき、ベイスターズ・ファンの友人に向かって、「ベイスターズとクライマックス・シリーズやってもいいよ」と言ったのが悪かったのかも知れない。あれで、野球の神様が怒っちゃったのかな。

反省していますンで。

さて、本題である。菊地史彦の『「若者」の時代』が話題になっている。今年の三月に出版されて、すぐに僕も読んだ。これはこの頁で紹介しなければならないと感じて、「小説すばる」のSさんにその旨を伝えた。

しかし、書けない。在り来たりのものではいけないと思って、考え込んでしまう。こういうことは、たまにある。数年前にも、『佐藤泰志作品集』に原稿の依頼があって、結局締め切りを過ぎて落としてしまった。

もちろん、何もしなかったわけではない。佐藤泰志の著作を机の上に並べて、どうしようかと毎日悩んだ。佐藤泰志については、何度か書いているのだけど、本人の作品集なのだから、月並みなものではいけない。つまり、音楽雑誌にディスク・レヴューを書くのと、CDのライナーノーツを書くのとは違うといえば、分かってもらえるだろうか（分からないよな、そんな仕事をしているのはこの雑誌で僕だけだもんな）。

書けなかったのは事実で、あとから編集者が怒っていたということを知った。なんてったって、その本の書評を書いたのだから（それでも、あの本のおかげで、佐藤泰志が再評価されたわけで、それは嬉しかった）。

菊地史彦には『「幸せ」の戦後史』という著作もあって、この二冊を机の上に並べて唸っていた。で、締め切りが近づいてきて、Sさんにテーマを変えたいと告げることになる。そういうことが、何度かあった。もうそろそろ、なんとかしなければならない。

菊地史彦の著作には、佐藤泰志のような拘りがあるわけではない。ただ、菊地史彦は同世代で、この本の「若者」を過ぎたあたりで、いっしょに時を過ごした時期があった。音楽も聴いたし、酒も飲んだ。僕が小説を書いたのは、彼のおかげである。

この本の序章には、「戦後史を刻んだ若者たちは、必ずしも反抗の主人公ばかりではない。ただ、日々の労苦と実直な暮らしを通して、戦後社会の基盤をつくり出した若者たちも、〈世界〉の不条理と自身の無力を知って、不機嫌に眉を曇らせることは少なくなかったのである。私は本書を、彼らの記憶のために書こうと思った」とある。

そして、「忘れられた歌姫――青山ミチの存在と闘い」、「転がる卵のように――集団就職と戦後都市」、「端境期のセヴンティーン――六〇年安保のさなかで」、「舞い降りたバリケード

――高校闘争一九六九」、「学園はいかに夢見られたか――学校意識の変容」、「〈遠郊〉の憂鬱――地元意識の変容」、「東北と若者たち」と記されていく。

「端境期のセヴンティーン――六〇年安保のさなかで」では、文字通りに一九六〇年に十七歳だった人物が取り上げられている。山口二矢《おとや》、ファイティング原田、加賀まりこ、干刈あがた。彼等に共通しているのは、「偽モノ」への嫌悪であると菊地は書く。「本モノ」が存在するならば、ほかのことはすべて「偽モノ」であるにちがいないと思い切ったのであるという。

僕が一番興味深かったのは、この章である。こういう書き方では、著者も読者も困ってしまうかも知れない。しかし、これが現在の僕の精一杯のところである。ぜひ、手に取ってもらいたい労作である。


自分がセヴンティーンだったときに何をしていたのかというと、先月号でも書いたように神宮球場の前にある学校に通っている高校生だった。一九六八年だから、ビートルズは『ホワイト・アルバム』である。

そこを退学になってから、本格的にバンドを始めた。練習が週に一回で、仕事は月に一回。そういうふうに音楽活動をして、あとはアルバイトの日々だった。意欲はあっても、先は見えなかった。

フリーの「オール・ライト・ナウ」がヒットしたのは、一九七〇年だった。ブルースを基本にしたブリティッシュ・ロックで、格好良かった。

これで驚いたのは、彼等の若さだった。ポール・ロジャース（ヴォーカル）とサイモン・カーク（ドラムス）が二十歳でポール・コゾフ（ギター）が十九歳で、そしてアンディー・フレイザー（ベース）は十七歳だった。

この「オール・ライト・ナウ」が収録されたLP『ファイアー・アンド・ウォーター』はサード・アルバムで、デビュー・アルバムの『トンズ・オブ・ソブズ』がリリースされたときには全員十代でアンディー・フレイザーは十六歳だったことになる。

十九歳の僕には何も見えていなかったのに、十六歳でデビューして十七歳で世界に認められている人間もいたのだ。結局、僕がデビュー・アルバムをリリースしたのは二十七歳のときで、それまでの八年間、いったい何を考えて生きていたのだろう。

フリーは四枚目の『ハイウェイ』を発表したあと、一九七一年には解散状態になる。それでも、なんとか五枚目の『フリー・アット・ラスト』を作るのだけど、ポール・コゾフとアンディー・フレイザーが脱退してしまう。山内テツ（ベース）とラビット（キーボード）が加入して作った『ハートブレイカー』は、六枚目でラスト・アルバムになった。それでも、まだ一九七二年である。

二十一歳の僕には、まだ何も見えていなかった。レコード・デビューまで、まだ六年ある。今年一月に三十年ぶりにアルバムをリリースして、七月にはフジ・ロック・フェスティヴァルに出演する。セヴンティーンのつもりで行こう。

〈二〇一五年七月号〉

一時間半歌うためだけに生きていたんだ

この頁で野球に触れると、現実は僕が書いたことと逆になるようだ。六月号〔二〇一五年〕で、ヤクルト・スワローズが首位になっているので、今年は「ひょっとしたらひょっとするかも知れない」と書いたら、九連敗で最下位になってしまった。それでも、例年大負けするセ・パ交流戦では、八勝九敗一分の〇・四七一で、なんとか踏み止まった。

七月号で、ベイスターズが首位になっていたので、「スワローズのように九連敗などというのさえやらかさなければ、Aクラスは間違いない」と書いたら、交流戦は三勝十四敗一分の〇・一七六などというとんでもない成績になってしまった。なおかつ、十二連敗という信じられないような事態になって、「半鐘は駄目だよ、おじゃんになるといけない」ぐらいは言いたくなる。

そして、六月三十日現在、スワローズもベイスターズも三十五勝三十七敗一分で、三位になっている。一位は阪神タイガースで、貯金二、二位は読売ジャイアンツで、貯金も借金もない。六月号七月号を踏まえて、ここは慎重に書かなければならない。タイガースとジャイアンツはこの順位を維持し続けるだろう。

約三十年ぶりに、ライヴを行なった。収容人員五十人ぐらいの小さなライヴ・ハウスだったのだけど、通路も立ち見の人でいっぱいで、ステージに行くのにも苦労するという状況で、ありがたかった。

ステージの上での演奏だけではなくて、そこに辿り着くまでの様々なことが、三十年前を思い出させてくれて、なんとなくしみじみしてしまった。リハーサル、楽器の搬入、セッティング、サウンド・チェック、開演までの時間の過ごし方さえ、かつてはこういうことをしょっちゅうやっていたんだ。

前に有名ではないミュージシャンのコンサート・ツアーは苛酷だと書いたことがあったけれど、それも脳裏に浮かんだ。そういえば、十年ぐらい前に、かつての自分のLPが三枚、紙ジャケットのCDになったときも、同じような経験をした。

プロモーションのために、CDショップのイン・ストア・トーク・ライヴで、そのアルバムについて喋らなければならないのに、どうしてもその気になれなくて聴くことが出来ない。当日、出かける数時間前に、意を決して聴いたら、びっくりした。一枚目の一曲目だけで、当時付き合っていた女の子、住んでいた部屋、遊んでいた友達などが、どっと溢れてきた。人は死ぬときに一生を思い出すというのは、こういうことなのかと思った。

あの頃の僕のツアーは、バック・バンドが四~五人で、スタッフが二~三人の、男だけ十人近くのものだった。基本的に、ミニ・バスのような大きさの車二台であって、一台は人間用で、もう一台は楽器と機材用だった。

ツアーに出ると、一日の生活はずっと変わらない。ホテルで起きて、朝食を取ったら出発する。昼食はサーヴィス・エリアで、カツ丼とか豚汁定食である。午後に会場に着いたら、機材を降ろして、セッティングをして、サウンド・チェックをする。それが終わったら、一度ホテルに行って、他の荷物を置いて、軽食を取る。開演一時間前までには、会場に戻る。

演奏はだいたい七時から八時半ぐらいまでで、終わったら機材を車に積み込む。ホテルの駐車場にそれを止めたら、夕食というか夜食というか酒である。しかし、七〇年代後半の地方都市は、メイン・ストリートであっても、十一時近くになると、どこも開いていない。もちろん、その頃の日本には、二十四時間営業のファミリー・レストランやコンヴィニエンス・ストアなどというものはなかった。

最悪の場合は、自動販売機でビールとカップ・ヌードルを買って（カップ・ヌードルの自販機があったのだ）、ホテルの部屋で飲食することになる。そういうことにならないように、三十分ぐらいは町の中を店を探して歩く。

今でも覚えているのは、青森のおばちゃんがやっていた飲み屋で、もう閉めるところだったらしくて、何もないと言われた。しかし、十人近くの男達が情けない顔をしているのが哀れになったのだろう、大鍋いっぱいの鰯のつみれ汁を作ってくれた。あれは旨かったなあ。もう一度、食べたいなあ。

なんといっても、男だけだから、ちょっとでもボタンを掛け違うと、ぎすぎすしてくる。しかし、喧嘩になったら、すべて終わってしまうから、我慢する。我慢するから、よけいに雰囲気がおかしくなる。たまに、プロモーションのために、その地方のテレビやラジオに出演することがあって、ひとりになるとほっとした。

だから、どこへ行っても、ホテルと会場しか知らなかった。その後、講演のようなものをやるようになって、名古屋の地下街は大きいとか、岡山には路面電車が走っているとかいうことを知った。

それでも、僕のツアーは、たとえば東北に一週間行ったら、一度東京に戻って来て、また関西に一週間行くというようなものだったから、まだ良かった。これが一か月続いたらと思うと、ぞっとする。

今では、有名なミュージシャンの待遇は凄い。ポール・マッカートニーは東京ドームのスリー・デイズだって、一日置きである。しかし、六〇年代七〇年代は、そうではなかった。バンドの人気なんか二～三年のものだから、ともかく働かせようというようなあつかいだった。

毎日どころか、一日二回公演もおかしくはなかった。ビートルズの日本武道館だって、そうだった。今でも演歌歌手などは、そうだという。もちろん、現在では、歌手本人も自覚してやっているらしいけどね。

クリームが解散したとき、原因を訊かれたエリック・クラプトンは「みんな、アメリカのせいだ」と答えている。つまり、一日二回公演で広大なアメリカをツアーしてまわって、疲れ果ててしまったということだろう。

クラプトンはヤードバーズで人気ギタリストになって、もっとブルース・ギターを極めたいということで脱退する。次にジョン・メイオール・アンド・ザ・ブルース・ブレイカーズに加入して、それに飽き足りなくなって脱退する。

当時流行し始めたサイケデリックとブルースのミックスチュアーで、一九六六年にクリームを結成する。メンバーはクラプトンの他に、ジャック・ブルース（ベース）、ジンジャー・ベイカー（ドラムス）で、最強のトリオと賞された。

クリームは四枚のＬＰを作って、前述のように解散してしまう。この頃からドラッグを使うようになって、やはりそれは苛酷なコンサート・ツアーから逃避するためだろう。俗に「セックス、ドラッグ・アンド・ロックンロール」というけれど、分からないでもない。僕だって、ツアー中に、グルーピーがいたり、ドラッグがあったりしたら、手を出していたかも知れない、悪いと理解していても。

その後、クラプトンはブラインド・フェイス、デレク・アンド・ザ・ドミノスとバンドを結成しては解散するということを、繰り返す。ドラッグと手を切ってソロになってからのことは、説明の必要はないだろう。

クラプトンのバンドといったら、やはりクリームだろう。で、クリームで一曲といったら……迷うところだけど、ここでは「サンシャイン・ラヴ／Sunshine of Your Love」にしておく。

このサウンドは間違いなく一九六七年で、かっこいいっちゃありゃしない。
現在僕が所属しているグループは、ツアーをやるのかな。やらないだろうな、六〇代だしね。

〈二〇一五年八月号〉

メイキャップの瞬間

まず、六月号から恒例になっているので、セ・リーグの順位に触れておきたい。七月二十六日〔二〇一五年〕現在、一位ヤクルト・スワローズ、四十六勝四十三敗一分。二位阪神タイガース、四十五勝四十四敗一分。三位読売ジャイアンツ、四十五勝四十六敗一分。四位ＤｅＮＡベイスターズ、四十三勝四十七敗一分。五位広島カープ、四十勝四十五敗一分。六位中日ドラゴンズ、三十九勝五十敗二分。

ドラゴンズだけ少し離された感じがあるのだけど、一位から五位まで四ゲームの差しかない。なんてったって、セ・パ交流戦で目茶苦茶にやられちゃったから、どんぐりの背比べもいいところで、ちょっと連勝すれば上に行けるわけで、この号が発売される頃にはどうなっているのか、予想もつかない。

それに比べて、パ・リーグの順位は極めて正しい。こちらも勝敗を書いて、字数稼ぎのように思われるといけないので、一位ソフトバンク・ホークス、貯金二十五。二位日本ハム・ファイターズ、貯金十五。三位西武ライオンズ、貯金二。四位ロッテ・マリーンズ、借金四。五位楽天ゴールデンイーグルス、借金七。六位オリックス・バファローズ、借金十四。うん、正しい。つまり、セ・リーグはパ・リーグの三位から六位までで戦っているようなものなのだ。

現在、セ・リーグの首位打者は川端で、本塁打王は山田で、打点王は畠山で、三人ともスワローズの選手である。これは事実を書いただけであって、他意はありません。競馬場のおやじなら「そのまま、そのまま」と叫ぶところだろうけれど、私は黙っています。野球の神様、そこんところよろしく。


さて、フジ・ロック・フェスティヴァルに出演してきました。ここまで三回ライヴを行なって、メンバー三人が還暦を越えているので、ステージに華やかさがないということに、気がついた。なおかつ、一回目は会場まで来るときに着ていた服のままでステージに出るという、無頓着なおじさんだった。それを反省して、二回目からはステージで着る服を持っていって着替えることにした。

とはいっても、ステージ衣装などというものではない。普段着で出るのをやめただけで、まあおじさんに違いはない。この暑さだから、いつもTシャツ短パンで、汚い脛を見せるのだけはやめようと、考えただけである。それでも、それに気がついたメンバーが「あっ、松ちゃん、着替えてやんの」と言ったりするから、どうも困ったものである。

バックアップ・メンバーに女性シンガーがひとりいて、さすがにフジ・ロックでは衣装を着替えてメイキャップをしていた。それで、僕もメイキャップをしてステージに立ったことがあったなと、思い出した。もちろん、二十代の頃だよ。今、僕がメイキャップをしたら、その前にかつらをかぶれと言われちゃうだろう。

簡単にいうと、当時つきあっていた女の子が、面白がって自分の化粧道具でやってくれたのである。すると、おかしなもので、別の人間になったような気がした。いつもは出来ないことも、やれるように感じた。実際にステージの上から客席にダイヴしたからね、あのときは。

プロレスラーが顔にペイントをするのも、同じことなのだろう（覆面レスラーという問題もあるのだけど、これはこれで深いものがあって、書きたいこともあるので、また別の機会にしたい）。もともと、レスラーでも性格が真面目な人は、ペイントをしたりヒール（悪役）になったりしたほうが、大成するといわれている。

上田馬之助はキャリアではジャイアント馬場やアントニオ猪木にも負けないのに、ずっと地味だった。そういう自分を変えるために金髪にしてヒールになって、トップ・レスラーになった。いまや北斗晶の旦那というような立場になっている佐々木健介も一本気だった。そこで、メイキャップをしてパワー・ウォリアーとして試合をして、メーン・エヴェンターになった。

武藤敬司も猪木直系のファイターで、アメリカではあまり注目されず、ペイントしてグレート・ムタになったら、ブレイクした。そのお手本は、グレート・カブキになった高千穂明久である。

女子のヒール・レスラー、ダンプ松本、ブル中野、北斗晶なども、みんなそうだろう。メイキャップによって外見が変わって、人間も変わってしまうというのが興味深い。

日本で濃いメイキャップといえば、頭に浮かぶのは歌舞伎と宝塚である。役を演じるのだからメイキャップが濃くてもおかしくはないけれど、このふたつには共通点がある。片や男だけの演劇で、男が女も演じる。片や女だけの演劇で、女が男も演じる。

知識がないので分からないのだけど、こういう形態の演劇は日本以外にもあるのだろうか。我々は慣れているから普通にとらえているだけで、考えてみれば不自然である。正常ではないといっても、かまわないだろう。ふたつとも、国民的演劇といってもいいものなのに。

歌舞伎のルーツを探れば、出雲《いずも》の阿国《おくに》から発した〝遊女歌舞伎〟の次の、〝若衆歌舞伎〟に行くのだろう、やはり。美少年が歌い踊り、売春につながり、売春といっても、男同士である。戦国武将の物語を読めば、当時はバイセクシュアルであることが普通だったことが分かる。おおらかな国だったのだ、我が国は。

宝塚の発想は、その逆だろう。バイセクシュアルは、もはや戦国時代ではないのだから普通ではないのに、その名残があるのが、嬉しくなる。〝清く正しく美しく〟なのだから、楽しくなる。国民的演劇として、大切にしなければならない。

グラム・ロックは一九七一年初めに現れて、一九七三年終わりには消えていた。約三年の短いブームだったけれど、ロック史の中では燦然と輝いている。男がメイキャップをしてフラッシュな服を着て、ゲイのような素振りを見せる。歌舞伎を思えば、正しい芸能なのだろう。

では、実際に彼等がゲイだったのかというと、そうであったようにも思えるし、ただ彼等のスタイルであっただけのような気もする。グラムのスターといえば、デヴィッド・ボウイとマーク・ボランである。彼等が男とキスをしているという写真を、何枚か見たことがある。逆に、そこがおかしい。七〇年代初頭、本当のゲイだったら、そういう写真は撮られないように気をつけていただろう。どうも、わざと撮らせていたような感じがする。

ボウイもボランも、十六歳あたりでデビューしている。バンドではうまくいかなくて、ソロになる。それも失敗して、バンドを結成する……というのを繰り返している。そして、メイキャップを始めたら、一気にブレイクした。別の人間になったのだろう。別の音楽も演奏出来るようになったのだろう。

グラムのブームの終焉が見えてきたら、ボウイはすぐにキャラクターを変えた。変わり続けることが、彼が生き残ることになった。しかし、ブームが終わっても、ボランはメイキャップを落とさなかった。一九七七年に自動車事故で亡くなるまで、グラム・スターだった。

メイキャップをしているときが、一番マーク・ボランだったのかも知れない。それ以前の彼は、もういなくなっていたのだろう。

『ナルニア国物語』のようなティラノザウルス・レックスから、メイキャップをしたT・レックスの「ゲット・イット・オン」へ。ボランの人生の一瞬である。

〈二〇一五年九月号〉

転がる石にサソリ固め

横浜スタジアムに野球を見に行って、まず感じるのはファンへのサーヴィスである。入場するときに、必ずプレゼントが貰える。レプリカではあるけれど、ＤｅＮＡベイスターズのヘルメットを全員に配ったこともあった。七回の攻撃のときに飛ばす、あの大きな風船をくれたこともあった。ベイスターズのシールは、いつもくれる。

グッズだけではない。

球場の横にステージとスクリーンがあって、その前にはテーブルと椅子がある。まあ、百人は座れるだろう。その周囲では、ロック・フェスのように食べ物や飲み物を売っている。つまり、入場しなくても、ビールを飲みながら、大きなスクリーンで試合を見ることが出来るのである。試合終了後には、ヒーロー・インタヴューを受けた選手がステージにやって来る。もちろん、花火も打ち上げられる。

立地も素晴らしい。ＪＲ関内駅の目の前で、まわりはビルだらけなのに、公園の奥深くといった風情で、祝祭感のある別世界のようである。神宮球場、東京ドーム、西武ドーム、マリン・フィールド〔二〇一五年当時〕といった、関東の他の球場とは一味も二味も違う。敷地内に入っただけで、わくわくする。

　僕は東京で生まれ還暦まで過ごした人間なのだけど、現在神奈川に住んでいることもあって横浜スタジアムに行くようになった。一番好きなチームはヤクルト・スワローズで、横浜スタジアムに行くようになってベイスターズにも親しみを覚えるようになった。毎月のことなので、いちおう書いておくと、八月終わり現在、スワローズはAクラスでベイスターズはBクラスである。クライマックス・シリーズで、ぶつかることはあるんだろうか。


　僕は小学生のときの力道山時代からプロレスが大好きで、ジャイアント馬場とアントニオ猪木の頃から試合会場に行くようになった。こういうように音楽の原稿を書くのが仕事の中心なのに、一時期は「プロレス、落語、ロックの順に詳しい」などと言っていた。

　たしかに、プロレスは詳しかった。たしかに、プロレスは面白かった。なんといっても、馬場、猪木のあとに、僕と同年代のレスラーが登場して、トップに立ったのである。痛快極まりなかった。僕は一九五一年生まれで、ジャンボ鶴田と長州力は同い年になる。天龍源一郎は一歳上で、藤波辰巳〔十七頁参照〕は二歳下ということになる。

　そして、びっくりするのは、この同年代のレスラー達が、今でもプロレスをやっていることである。鶴田は亡くなったし、天龍は今年の十一月で引退すると発表している。しかし、長州と藤波は、今でもリングに上がっている。だいたい長州も藤波も一度引退してカムバックしているわけで、天龍だってどうなるのか分からない。

プロレスラーの本というのは、昔も今もたくさん出版されている。今、もっとも話題になっているのが田崎健太の『真説・長州力　1951-2015』である。読んでみたら、評判どおりに面白かった。この本はあくまでも田崎健太という作家のノンフィクション作品ということを明確にしたのが、成功の原因だろう。

これはレスラーだけの問題ではなくて、「自伝」といっても本人が書くことはあまりないということがある。インタヴューアーが話を訊いて、それを一冊にまとめるのである。現在ではアメリカやイギリスでは、その本人とインタヴューアーの共著となることが多いようだ。しかし、日本では、インタヴューアーは構成者ぐらいのあつかいである。

前記のように、この本は田崎健太の立ち位置がはっきりしているから、面白い。ノンフィクション作品だから、長州と関係のある人間にも数十人にインタヴューをしている。ノンフィクションだから、当然だ。普通のプロレスラーの本では、こういうことはない。

なんといっても、第一章が「もうひとつの苗字」で、長州が在日朝鮮人二世というところから始まるのだから驚いた。もちろんプロレス・ファンはみんな知っていることではあるけれど、なるべく触れないようにしてきたのは事実である。

第二章は「ミュンヘンオリンピック韓国代表」で、これも長州がミュンヘン・オリンピックにレスリングで出場していることは明記しても、韓国代表だったということは書かないというのが普通だったので、正にノンフィクション作品である。

第三章からはプロレスの世界になるわけで、ここから著者は戸惑うことが多くなってくる。

エピローグで「プロレスを描くことは、果実を求めて森に行ったつもりで、マングローブの密林に踏み込んだようだった。取材を進め、資料を集めてもどこまで信用していいのかはっきりしない」と書いている。

　僕も何人かのプロレスラーにインタヴューしたことがあって、プロレス流に合わさせられたこともあった。また、新団体の旗揚げを手伝ったこともあって、内部を知るとプロレスラーを騙すのなんて簡単なのだろうなと思ってしまうこともあった。

　長州力といえば馬場、猪木の次に有名なレスラーであって、行動も注目される。最初に所属した新日本プロレスでスターになると、飛び出して自分の団体を作る。それに失敗すると、新日本に戻る。順調に進んでいるのに、飛び出して団体を作る……というのを、繰り返している。

　そういう長州には、猪木のイメージが重なる。しかし、猪木は事業や政治にものめり込んで行くのだけど、長州はプロレス一筋である。そこが長州力であって、著者が興味を持ったところなのかも知れない。だいたい、プロレスには事業も政治も含まれているから。

　ロック・ミュージシァンの伝記でもっとも注目されたのは、『ボブ・ディラン自伝』だろう。アメリカで五十万部を越えたといわれているこの本は、日本では二〇〇五年七月に発売されている。

　これは全三冊になる予定ということだったのだけど、今のところ〔二〇一五年十月現在〕まだ一冊だけしか出ていない。ひょっとしたら、日本で発売されていないだけで、アメリカでは出ているのだろうか。

これがディラン本人が書いたものだと理解出来るのは、通常のように子供時代から順を追って書かれていないからである。全五章で、時系列はばらばらで、本人が書きたいところだけ詳しく書いてある。つまり、全三冊が揃わないと、ディランの全体像は見えないということなのだろう。だから、この一冊だけでは、ほとんど見えていない。

もちろん、ディランの伝記は、何冊か出ている。しかし、ディランはそれに協力してはいない。だから、彼の伝記は、まわりは固めてあっても、中心がないということになる。これでは、信用出来るとはいえない。

これは長州力もそうなのだけど、ディランも私生活は謎になっている。ディランは息子もシンガーになっているというのに、他の子供や妻については詳しく知られてはいない。ディランは三回結婚しているという説もあるし、重婚になっていた時期もあったといわれている。それぐらい、分からないほうがいいのかも知れない。

最近のディランのコンサートでは、演奏している曲名が分からない。つまり、メロディーを変えてしまうのである。じいっと聴いていて、「あっ、これは『風に吹かれて』だ」と分かったりする。それでも、バックの音を変えなければ、分かる。これは「ライク・ア・ローリング・ストーン」だと。

みんな、そうやってくれると、分かるんだけどな。


〈二〇一五年十月号〉

もう帰らない、あの夏の日

九月三十日〔二〇一五年〕現在、ヤクルト・スワローズはセ・リーグの第一位である。マジックは一だから、優勝はもう時間の問題である。第二位の読売ジャイアンツとの差は、二・五ゲームである。スワローズもジャイアンツも残りはあと三ゲームで、ジャイアンツは全勝しても五割二分八厘で、スワローズは一勝二敗でも五割三分二厘だから、これはもうめでたしめでたしと言うしかない。

出来ることならここでスワローズの優勝を祝いたいところなのだけど、まあしょうがない。来月号で、大々的に喜びたい。なんてったって、十四年ぶりですからね、あなた。僕が五十歳のときですからね、前回の優勝は。監督は若松さんだったし、リーダーは古田さんだった。あの年は何度も神宮球場に行ったわけで、今年は横浜スタジアムばかりで申し訳ない。

ペナント・レースもう数試合だということで、かつての名選手の引退発表がやたらと報じられている。監督の辞任も、ここ数年で一番多いんじゃないかな。当然のこと、スワローズにはそういう噂はまったくなくて、あっぱれあっぱれである。しかし、かつてジャイアンツはスワローズの四番を三人続けてかっぱらったわけで、気をつけなければならない。

山田、川端、畠山は大丈夫だろうけれど、バレンティンは狙われてるかも知れないな。ジャイアンツは他チームの四番を使い捨てにするところだから、行っちゃ駄目だよ。予定表を見てみると、日本シリーズはちょうど来月の締め切り日あたりになっている。今年のソフトバンク・ホークスは強いから、心して行って貰いたい。

四月二十三日の朝、前日ポール・マッカートニーのジャパン・ツアーの初日が京セラドーム大阪で行なわれた記事を読もうと新聞を開いて、びっくりしてしまった。なんと、ワイルド・ワンズの加瀬邦彦さんが自殺したと書いてあったのだ。

読んでも、受け止められない。加瀬さんは下咽頭癌で声帯を切除していて、最近は精神が不安定になっていたという。つまり、声が出なくなっていたわけで、つんく♂と同じことだったのだろう。加瀬さんは七十四歳だから、落ち込みも激しかったのかも知れない。

僕はそんなことはまったく知らなくて、ワイルド・ワンズは夏になるとツアーをやっているから、そのうちに見に行こうと、呑気に思っていた。こういうライヴは、仕事ではないので、よっぽど心に決めないと、なかなか行くことが出来ない。

寺内タケシとブルー・ジーンズも、ずっとあのギターをライヴでは聴いていなくて、ある日ふと思いついてチケットを買って、四十年ぶりぐらいに見に行ったことがあった。そのときにワイルド・ワンズのちらしも貰って（労音）、あのときに見に行くべきだった。なんてったって、僕がファン・クラブに入ったのは、ビートルズとワイルド・ワンズだけなんだから（ドアーズだってジャックスだって、入ってないんだ)。

加瀬さんは(どうしても、〝さん〟づけになってしまう)慶應大学在学中に清野太郎とキャノンボールに参加して、田辺昭知《しょうち》とスパイダース、寺内タケシとブルー・ジーンズに移籍する。あれはもう二十年ぐらい前になるだろうか、六本木の加瀬さんの事務所でインタヴューしたことがあった。

当時のスパイダースはラウンジみたいな音楽をやっていて、まったく面白くなくて、ステージで演奏中に加瀬さんはリーダーに「お世話になりました」と言って、ステージを下りて辞めちゃったそうだ。そんな辞め方ないよねと、ふたりで笑った。

ブルー・ジーンズは一九六六年のビートルズの前座に選ばれたのだけど、なんとビートルズの演奏中は楽屋に閉じ込められてステージを見ることは出来ないという。加瀬さんは即座にブルー・ジーンズを辞めて、客席からビートルズを見た。「だけど、辞めてなきゃ、ビートルズのプログラムに、加瀬さんの写真も載ってたじゃないですか」と言ったら、「だって、ドリフターズも載ってたんだよ」と笑っていた。人生はこんなものなのかも知れない。

あの頃のバンドマンは、楽屋で博打をしたりしていたらしい。加瀬さんはそういうところが嫌で、誘われても応じなかったそうだ。だから、ビートルズみたいなバンドをやりたいと思ったとき、プロのミュージシャンは選ばずに、「平凡パンチ」でアマチュアを募集した。それで〔その後〕、あとの三人が集まった。〔結成の経緯は加瀬氏の著書『ビートルズのおかげです』に〕

鳥塚しげき（ギター）、植田芳暁（ドラムス）、そしてベーシストは決まったけれど、どうもこの三人目が気になる。アマチュアなのに、バンドマンの匂いがする。そこで、この男は断って、ギターで応募してきた島英二に電話する。「ベースでやってみないか」と。

ザ・ワイルド・ワンズという名前は、加山雄三がつけている。そういえば、来日時のビートルズに加山は会いに行っていて、彼等が次のＬＰのタイトルが決まっていないと言うと（『リヴォルヴァー』のことである）、加山はワイルド・ワンズというのはどうかと思ったのだけど、言い出せなかったという記事を、読んだ覚えがある。

加瀬さんによると、当時加山が関係していた葉山マリーナで合宿して、初めのうちはうまくいかなくて、これは失敗したかなと思ったそうだ。しかし、演奏を重ねるうちに、良くなってきたという。ワイルド・ワンズは一九六六年十一月に、「想い出の渚」でデビューする。ビートルズ来日から、四か月目だった。

僕はブルー・ジーンズ時代から加瀬さんのファンだったから、ワイルド・ワンズのデビュー時のファン・クラブの発会イヴェントに行っている。三年前に引っ越したときに、そのワイルド・ワンズ・ファン・クラブのバッジが出て来た。

その後、コンサートにも行ったし、レコードも買ったけれど、なんといってもあの時代である。一九六七年になると、ビートルズは『サージェント・ペッパーズ・ロンリー・ハーツ・クラブ・バンド』を発表するし、ドアーズは「ライト・マイ・ファイアー」をヒットさせるし、ヒッピーだし、フラワーだし、ドラッグだし、反戦の時代だった。

そういうわけだから、ワイルド・ワンズのファン・クラブに入っていたのは、一年ぐらいだったと思う。その後も、シングル・レコードは買い続けていた。ワイルド・ワンズは一九七一年に解散した。いわゆるグループ・サウンズの、終焉の季節だった。

その後、加瀬さんは沢田研二のプロデューサーになって、「許されない愛」「あなたへの愛」「危険なふたり」「胸いっぱいの悲しみ」「追憶」「TOKIO」と、ヒットを連発する。ジュリーがメイキャップをしたのも、加瀬さんのアイディアだった。

一九八一年にワイルド・ワンズは再結成して、毎年夏にツアーをやるようになった。加瀬さんは銀座でケネディハウスというライヴ・ハウスを経営していて、「ワイルド・ワンズも出演しているから、今度遊びにおいでよ」と誘われたのに、行かなかったのは、これは悔やんでも悔やみきれない。

海へ行くと、頭の中で「想い出の渚」のイントロの加瀬さんの十二弦ギターが流れて、僕は「君を見つけたこの渚に……」と口ずさむのが、普通になっている。それは六十四歳になっても変わらないし、死ぬまで続くだろう。

正直に言って、日本のロックで一曲選べといわれたら、僕は迷わず「想い出の渚」を挙げる。加瀬邦彦さん、ありがとうございました。

十月二日、ヤクルト・スワローズは優勝した。

〈二〇一五年十一月号〉

三十五年目の十二月八日（上）

先月号〔二〇一五年十一月号〕の最後にも書いたように、十月二日ヤクルト・スワローズはリーグ優勝をした。なんてったって、十四年ぶりである。前回優勝したときに生まれた子供は、もう中学生になっている。前回定年退職した男は、もうお墓の中に入っていてもおかしくない。

考えてみれば、今年は一時期は最下位になったこともあったわけで、まったく先が見えなかった。だいたい、去年は最下位のチームなのだから。真中監督が力を発揮したのだろうけれど、去年までの小川監督が駄目だったとはとても思えない。実際に、小川さんは今年はスワローズの編成部シニア・ディレクターということで、プロ野球名鑑には取締役の次に名前が載っている。つまり、小川さんが育ててきた選手が、今年開花したと言ってもいいだろう。ということで、山田が最多本塁打と最多盗塁と最高出塁率、川端が首位打者と最多安打、畠山が最多打点である。ということは、バッターのタイトルは、すべてスワローズなのである。最多セーブもバーネットである。

クライマックス・シリーズでもジャイアンツを難なく撃破して、原監督が辞めることになったのはちょっと可哀そうな気がする。ジャイアンツの戦力は、最高の坂本が二割六分九厘でリーグ十六位である。これでは、勝てるわけがない。よくこれで二位になれたなと、原監督に同情してしまう。

そして、ソフトバンク・ホークスとの日本シリーズ……これは下馬評どおりになってしまった。スワローズの勝率は五割三分九厘で、ホークスは六割四分七厘である。パ・リーグ二位の日本ハム・ファイターズが五割六分だから、スワローズはそれより下になってしまう。しょうがないといえば、しょうがない。

まあ、今年の日本シリーズは、山田が三打席連続ホームランというのを覚えておけばいいだろう。シーズンが終わって、今年は監督の交代も多い。スワローズとホークスは、うまくそれを一年前に行なったということだろう。とりあえず、これから来年の春までは、四時間もテレビの前に座っているということはなくなるだろう。

一九八〇年十二月八日午後十一時、レコーディングから帰って来たジョン・レノンは、自宅のあるダコタ・ハウスで車を降りたところで、銃弾を受けた。ジョンは「撃たれた」と言って、倒れたそうだ。すぐに、警察と救急隊が呼ばれた。犯人のマーク・チャップマンはそのまま現場にいて、サリンジャーの『ライ麦畑でつかまえて』を読んでいたという。

チャップマンはビートルズの大ファンで、結婚してハワイに住んでいた。そのうちに、ジョン・レノンというのは自分で、だからニュー・ヨークにいるジョン・レノンは殺さなければならないと思い込んだ……というのが、公式発表だった。

しかし、時間が経って、いろいろな事実が明らかになってくると、これはそれほど単純なことではないということが分かってくる。まず、逮捕された数日後、チャップマンは「どうして、ジョン・レノンを殺してしまったのか分からない」と叫んで、錯乱状態になったと言われている。

前記のようにチャップマンはハワイに住んでいたのだけど、いつのまにかいなくなってしまった。事件の数日前、彼は妻に電話して、「ジョン・レノンを殺す」と言って、「馬鹿なことを言うもんじゃない」と諫《いさ》められている。

話を戻すと、ジョンはヨーコといっしょに、一九七二年にロンドンからニュー・ヨークに移った。すると、噂を聞いたジェリー・ルービンやアビー・ホフマンといった左翼の活動家が、彼のところにやって来た。マイケルXやブラック・パンサーのボビー・シールといったより過激な人物も、集まってきた。そして、ジョンはデモにも参加し、彼等のためにチャリティー・コンサートも数え切れないぐらい行なった。

すると、ある政治家からFBIに、ジョンを監視しろという命令が出された。脅しの意味もあったのだろうけれど、それはかなり露骨なもので、すぐにジョンもそれに気がついて、「僕に何かあったら、それはFBIだ」と言っていたという。

そして、ジョンに国外退去命令が出される。ジョンは裁判を起こして、ニュー・ヨーク市長のリンゼイを始めとしてたくさんの人々に支援される。この訴訟にジョンは勝って、一九七六年に永住権を得てグリーン・カードを取得する。これはこれでいい。

しかし、ＦＢＩを動かして、国外退去にしようとした政治家は誰なのだろうか。ジョンが活動を続けたら、運動家だけではなくて一般市民も同調するようになる。その時点でもっとも疑わしいのは、大統領のニクソンである。アメリカから追い出すか活動出来ないようにしろと、命令したと言われている。

一九七五年、ジョンに息子のショーンが生まれた。すると、ジョンはすべての活動を中止して、子育てに専念した。長男のジュリアンが生まれたとき、ジョンはビートルズで忙しくてほとんどいっしょにいられなかった。ビートルズの活動が落ちついてきても、どう接すればいいのか分からなかった。

ジョンの父親のアルフレッドは、ジョンが生まれる数か月前に家を出て行った。母親のジュリアは、子育てが一段落すると他の男と付き合うようになった。それを見兼ねたジュリアの姉のミミは、自分達夫婦で引き取ることにした。つまり、ジョンは自分の親と向き合ったことがなかったのである。

だから、ジュリアンにどのように対応すればいいのか、ジョンは分からなかったのだ。ポールが家にやって来てジュリアンと楽しそうに遊んでいるのを見て、ジョンはポールに「どういうふうにやればいいのか、教えてくれ」と言ったそうだ。

ショーンを五歳まで育てて、一九八〇年にジョンはカム・バックすることにした。『ダブル・ファンタジー』のレコーディングをして、何年も断っていたインタヴューも積極的にこなした。ジョンが活動を再開することは、ＦＢＩにとっては問題だった。ニクソンはウォーターゲート事件でとっくに失脚していたのだけど、ジョンに関しての命令はそのまま残っていたのである。

ヨーコさんにインタヴューして、終わった後の雑談でこんな話を聞いたことがあった。ジョンの死後しばらく経ってから、ある女性から連絡があったそうだ。アメリカにはマインド・コントロールする施設があって、自分もそこに入れられていた。なんとかそこから抜け出したのだけど、その中でチャップマンを見たことがあった。

当然ヨーコさんはもっと詳しい話を聞こうとしたけれど、以後彼女とは連絡がつかなくなったという。作り話にしては真実味があり過ぎて、これは今でも忘れられない。ニクソン、FBI、マインド・コントロール、チャップマン……。この話をすると、友人には考え過ぎだと言われる。

しかし、ジョン・F・ケネディ暗殺事件は、いまだに明らかにされてはいない。実行者という人物は、すぐに殺された。その第二の殺人者は、今どうなっているのか。実行者がいたという位置からでは、ああいうようにケネディを撃つことは出来ないという。

ニクソンの命令でFBIがチャップマンにジョン・レノンを殺させたと、僕は思っている。

書いているうちに、こういうことになってしまった。今年の十二月八日は三十五年目になるわけで、来月号でなんとかさせてください。

〈二〇一五年十二月号〉

三十五年目の十二月八日（下）

これは前にもちょびっと触れたことがあるけれど、世の中には音楽の入門書というかガイド・ブックというものがある。つまり、ロックやジャズやクラシックなどの、名盤を数百枚選んで解説してあるというものだ。

ここに歌謡曲がないのはしょうがないと思っていたのだけど、考えたらそんなことはない。最近は戦争前後に発売されたものもCDになっているようで、だから歌謡曲だってガイド・ブックが作れるはずだ。

しかし、ロックやジャズやクラシックにはいわゆる評論家のような人間がいるけれど、歌謡曲のそういう人はあまり聞いたことがない。戦前のものから始まって、ジャニーズやAKBまで網羅したら、面白いはずであって、そういう人はいないのかな。

僕が書いたことがあるのはロックのそれだけで、たぶん五回や六回はやっているはずだ。たいていは、企画した編集者と複数の評論家で盤を選んで、何枚かずつ書き手に割り振っていく。で、僕のような人間が割り振られたものを書くわけで、一冊の全体像は見えていない。だから、出来上がった本を見て、首を捻ることもある。これは傑作だと思うものが二分の一頁で、どうってことないものが一頁になっていたりする。なんだかなあ。

最近はもうそういうことはしないようにしているのだけど、若いときには依頼者に電話して文句を言ったりもした。つまり、盤選びをした人達が気に入っているものだけが、大きく取り扱われていたのだ。しょうがないといえばしょうがないわけで、誰もが認める三百枚なんて決められない。今、僕はそういう仕事をしていて、これは僕ひとりで選んだものだけで、はっきりと僕個人の好みで、〝僕を作った五十枚〟とでもいうようなもので、唸っている。

十二月二十三日〔二〇一五年〕には水橋春夫グループの今年最後のライヴが新宿であるけれど、今はまだ僕は何もしていない。来年早々に二枚目のレコーディングも決まっていて、水橋さんはデモ・テープを作っているらしいのだけど、僕はまだ何の用意もしていないわけで、こういうことでいいのだろうか。


ジョン・レノンが鬱状態から抜け出して活動的になったのは、ヨーコ・オノと付き合い始めてからだということは前にも書いた。たぶん、一九六七年の「アイ・アム・ザ・ウォルラス」の頃には、もう付き合ってたんだろうな。そして、ビートルズの活動とは別に、ジョンはヨーコといっしょに『アンフィニッシュド・ミュージック』、『ウエディング・アルバム』という前衛的なレコードを作り、プラスティック・オノ・バンドという別バンドを結成し、『ライヴ・ピース・イン・トロント』というライヴ・アルバムを発表している。

ポール・マッカートニー、ジョージ・ハリソン、リンゴ・スターとのビートルズよりも、ヨーコとのプラスティック・オノ・バンドのほうが重要になったのだ。それはジョージもリンゴも同じようなもので、ただジョンのようにあからさまにはしなかったのだ。

危機感を覚えたポールは、「ゲット・バック」、「ザ・ロング・アンド・ワインディング・ロード」、「トゥー・オブ・アス」と、明らかにジョンに向けて作った曲を提示するけれど、ジョンは反応しなかった。

追い詰められたポールはついにビートルズ脱退を発表するのだけど、これもジョンにこっちを向いて欲しいと言っているだけである。それでも、ジョンはプラスティック・オノ・バンドに夢中で、振り向いてもくれなかった。

失意のポールはスコットランドの自分の農場に引き籠もって、今度は彼のほうが鬱状態になってしまった。しかし、ジョンは意気軒昂で、初めてのスタジオ・ソロ・アルバムのレコーディングを始めた。

今、考えると、馬鹿だなあと言うしかない。少年時代からの友人で、もういい大人なのだから、一度しっかりと話し合えば、それで片づいたのではないだろうか。たとえば、一年に一枚はビートルズのＬＰを作る。それ以外は、各々ソロ活動をするとか。

しかし、一九七〇年にジョンは三十歳で、ポールは二十八歳である。現在六十四歳の人間からしたら、若いとしか言いようがない。ロック史上最大のグループが、碌に話し合いもしないで崩壊したのである。世界中でどれだけの人間が泣いたのか、知っているのかい。

一九七〇年、『ジョンの魂』が発表された。嵐が吹き荒れていた。ジョンの代表作である。ロック史に残る名作であることは、間違いない。そこには、それまでにはなかった二つの要素が含まれていた。俳句と叫びである。

ヨーコに俳句を教わって、ジョンは夢中になった。削ぎ落として、簡潔にする。このレコードでは、曲名さえも簡潔である。

「マザー」、「アイソレーション」、「リメンバー」、「ラヴ」、「ゴッド」……。

ヨーコさんに聞いた話では、ふたりで初めて日本に来たときに、古美術店で松尾芭蕉直筆の「古池や蛙飛び込む水の音」の短冊を見つけて、買ったという。僕が「本物だったんですか？」と訊いたら、「払った金額からしたら、本物であってほしいわ」と笑っていた。僕は黙った。そういう方面には暗いけれど、百万や二百万じゃないでしょう。

また、アーサー・ヤノフという人物によるプライマル・スクリームという心理療法を、ジョンは受けていた。これは意識下にある苦痛を明らかにして、叫んで治療するというものだった。ジョンの最初の痛みは、物心がついたときに両親がいなかったことである。二人とも、生きていたのに。

ジョンが生まれる直前に、父親はいなくなってしまった。ビートルズが有名になると、彼は新聞記者に会いに行った。自分はジョン・レノンの父親なのだけど、金が無くて困っていると。ジョンが金銭援助を申し出ると、彼はジョンよりも若い女性と結婚した。

ジョンを育てるのが一段落すると、母親は彼を自分の姉に預けて再婚してしまった。それでも、同じリヴァプールに住んでいたから、学校に行くようになったら会えるようになった。ジョンとポールが初めて出逢ったセント・ピータース・チャーチでのライヴにも、彼女は行っていた。そして、ジョンの家の前で、車に撥ねられて亡くなった。

このレコードでは、ジョンがギターかピアノ、リンゴがドラムス、クラウス・フォアマン（ハンブルク時代からの友人）がベースだった。また、「ゴッド」のピアノがビリー・プレストンで、「ラヴ」のピアノがフィル・スペクターだった。

つまり、演奏者は三人か四人だけしかいなかったことになる。そこには、前記のように風が吹いている。嵐になっている。気をつけて聴いていなければ、吹き飛ばされてしまう。

このレコードの一曲目が、「マザー」である。この曲のイントロは、まるで除夜の鐘である。そのことを訊ねたら、ヨーコさんはそのとおりで、イギリスにはそんな鐘は無かったから、音を加工したと言っていた。煩悩を取り除くためだったのか。

自分を捨てた母親に別れを告げ、自分を捨てた父親に別れを告げる。そして、子供に自分のようになるなと告げる。後半になると一転して、母ちゃん行かないで父ちゃん帰って来てと叫ぶ。叫ぶ、叫ぶ、叫ぶ、叫ぶ。

ビートルズの始まりで、ジョンは「ツイスト・アンド・シャウト」で叫んだ。ビートルズの終わりでも、ジョンは「マザー」で叫んだ。

この叫びは、永遠に続く。これがジョン・レノンなのである。

〈二〇一六年一月号〉

III

四十四年目に完成した名作

これは今迄に何人もの人が書いていることだから、ほとんどの人は知っているだろう。雑誌には年末進行というものがある。つまり、年末年始は印刷所が休みになってしまうので、その前に仕事を片づけてしまおうということである。雑誌に関わっている人は、十二月はいつもより一週間から十日ぐらい早めに進行しなければならない。

たとえば、先月号〔二〇一六年一月号〕で僕は「十二月二十三日に新宿でライヴをやる」と書いたのだけど、まだやってない。この年末進行というのは僕が二十一歳で雑誌の仕事を始めたときからあって、初めは意味が分からなかった。

また、三月号が発売されるのが二月であって、その仕事は一月にやるというのも理解出来なかった。そんなもんです。なんとか納得出来ても、人に説明するのが難しかった。当時、僕達が作っていたのはロックのリトル・マガジンで、広告を出したいという連絡は有り難いけれど、一回では分かって貰えなかった。一月に電話がかかってきて、二月に広告原稿が受け取れれば、三月に発売される四月号に載せられますと言うと、相手はたいてい黙った。だって、他にどう言えば、いいんだよ。

そういえば、あの頃は、原稿を書いてレイアウトの手伝いもして、広告取りにも行って写植屋さんにも行って（懐かしい！）、出来上がった雑誌を印刷所から取次の日販、トーハン、大阪屋まで、トラックに乗って持って行ったな。

この特別な進行というのは年末だけではなくて、八〇年代には夏休み進行とかゴールデン・ウィーク進行などというのもあった（やはり、バブルだったんだろうか）。なんか、しょっちゅう急いで進行していたな。しかし、夏休みやゴールデン・ウィークは、代わり番こに取ればいいということになって、だんだん緩くなってきた。だから、今残っているのは、日本中がみんな休む年末進行だけになっている。

ともかく、あの頃の年末進行といったら、まだメイルどころかファックスもなかったから、原稿を受け取りにまわって、みんなで写植屋さんに行って、デザイナーの指示で台紙に貼った。二日徹夜なんてのもあった。

一日目の夜は眠いのだけど、二日目になるとナチュラル・ハイになる。どんどん、仕事が進む。ひとりがくだらない冗談を言うと、全員が引っ繰り返って大笑いする。夕方までに終わらせて、夜は見ておかなければならないコンサートに行って、そこで逢った友人と、朝まで酒を飲む。

ようやく、家に帰って寝る。目が覚めて薄暗いと、三日目の夕方なのか四日目の明け方なのか分からない。テレビをつけて、ようやく分かる。若かったから、出来たのだろう。あのナチュラル・ハイというのも、懐かしい。もう、出来ないよな。

ビーチ・ボーイズはロック史に大きな足跡を残した最初のバンドだろう。ビートルズのレコード・デビューが一九六二年十月で、ビーチ・ボーイズは一九六二年六月で、インディー・デビューは一九六一年十二月になるから、凄いっちゃありゃしない。

ミュージシァンとかアーティストとかいった概念がなかった頃だから、レコード会社はどんどんレコードを作らせた。ティーンエイジャー向けのバンドなんか、どうせ二〜三年のものだから、出来るだけレコードを作らせて売って、人気がなくなったらハイそれまでヨという目論見だった。

ビーチ・ボーイズのリーダーのブライアン・ウィルソンも、消耗品にされかかった。だから、コンサート会場に向かうと、体調がおかしくなった。しかし、スタジオで作曲したりレコーディングしていると、なんともなかった。そこで、メンバーをひとり加入させて、彼等にコンサートをさせて、自分はスタジオで作曲していた。

一九六五年、ビートルズの『ラバー・ソウル』を聴いたブライアンは、頭を抱えた。愛をテーマにした、初めてのコンセプト・アルバムと言われている一枚だった。このレコードと比べると、ビーチ・ボーイズは何だったのだろう。サーフィン、車、女の子……恥ずかしかった。

ビーチ・ボーイズがツアーで回っているときに、ブライアンはスタジオ・ミュージシァンを集めて一枚作り上げた。そして、ツアーから帰って来たメンバーをスタジオに呼んで、これにヴォーカルとコーラスをレコーディングするように指示した。

メンバーは戸惑った。サーフィンもホット・ロッドも水着の女の子も、そこにはなかった。文句を言いながらも、レコーディングした。リード・ヴォーカルのマイク・ラヴが「なんだ、これは。犬に聴かせる音楽か」と言ったので、タイトルは『ペット・サウンズ』、になった。

このテープを聴いて、レコード会社は不穏な雰囲気を感じた。ヒット・レコードではなくて、ひとつの作品だったからだ。だからほとんどプロモーションしなかったのに、チャートの十一位まで上がった。レコード会社はあわてて、二か月後にベスト・アルバムを発売した（つまり、アーティストになられたら、困ると感じたのだろう）。

そうなると、ブライアンはナチュラル・ハイではいられなくなって、ドラッグに依存するようになってしまった。そこから半年かけて「グッド・ヴァイブレーション」というシングル・レコードを作って、これはチャートの第一位になるビッグ・ヒットになった。

こうなったら、もうレコード会社も何も言えない。ブライアンは「グッド・ヴァイブレーション」を核にした『スマイル』というアルバムのレコーディングを始める。しかし、ドラッグの量が多くなり過ぎていた。部分部分は出来ても、一枚にまとめることが出来ない。

何か月も足踏みしているところに、ビートルズの『サージェント・ペッパーズ・ロンリー・ハーツ・クラブ・バンド』が発表された。これを聴いて、ブライアンは打ちのめされた。これ以上のものを、作ることは出来ない。レコーディングとドラッグの生活から、レコーディングが消えた。

『スマイル』の中止が発表されて、ブライアンは人間をやめてしまった。驚いた家族は、ひとりの医者を連れて来た。この医者が最悪だった。このヒット・レコードを作り続けるブライアンを意のままに操れば、大金持ちになれると考えたのだ。

医者はブライアンを薬漬けにして、マインド・コントロールする。以後のブライアンの作品は自分が共作したものだと言って、収入の半分を自分のものにする。それが三十年も続いたのだから、なんとかならなかったのかと思う。動いたのは、現在のブライアン夫人〔メリンダ・レッドベター〕である。調べてみたら、ブライアンが死んだら、すべての財産はその医者のものになるという書類が見つかった。ブライアンの家族に訴えて、ようやくその医者は追い払われる。

ブライアンのカムバックは、一九九八年の『イマジネーション』だった。ビーチ・ボーイズに戻らなかったのは、あの三十年があったからだろう。それからは、自分のバック・バンドを作って、精力的にレコーディングもコンサートも行なった。二〇〇四年には、なんと自分のバンドで『スマイル』をレコーディングし直した。

もっと驚いたのは、二〇一一年にあの当時の音源でオリジナルの『スマイル』を完成させたことである。二〇一一年版と二〇〇四年版とは、まったく異なっていると言ってもいい。二〇〇四年版は普通のCDで、二〇一一年版には妖気が漂っている。やはり、あのときのレコーディングは、特別なものだったのだろう。オリジナルの『スマイル』が発表されたことを、喜びたい。ロック史に残る一枚である。

〈二〇一六年二月号〉

君はひとりじゃない

僕が間違っていた、謝るしかない。このページでこういうように書くのは、初めてではないはずだ。去年〔二〇一五年〕、ヤクルト・スワローズのことで、書いたような気がする。春は調子が良かったのに、夏になったら順位が落ちたときか、後半絶好調になって、優勝したときか。今回は、初場所の琴奨菊の優勝である。特に何も書いてはいなかったけれど、琴奨菊が優勝するなんてこれっぽっちも思っちゃいなかった。

現在、日本人の大関は、稀勢の里と琴奨菊と豪栄道の三人がいる。その上には白鵬と日馬富士と鶴竜の三人の横綱がいて、照ノ富士という大関も含めてみんなモンゴル人力士である。今回、報道されたように、この十年間、日本人力士の優勝はなかった。いいところまでいっても、最後には朝青龍や白鵬が賜盃《しはい》を持っていっちゃう。

両国で大相撲が行なわれる一月場所五月場所九月場所は、必ず一日は観戦に行くというのがずっと続いている。しかし、十二月〔二〇一五年〕に、いつもチケットを入手してくれる友達から「何日目にしましょうか?」と電話がかかってきたとき、僕は「今場所はやめるよ。どうせ、またモンゴル人力士の優勝だから」と断った。

で、見に行かなかったら、なんと琴奨菊が十四勝一敗で優勝したのである。はっきりいって、琴奨菊がこんなに強いとは、思ってもいなかった。こういっちゃあ悪いけど、かつての千代大海だと思っていた。それほどの力もないし、人気ももうひとつじゃないか。

大関というのは昇進するのも難しいのだけど、簡単には落ちないようにもなっている。三役で三場所で三十三勝しなければ、なれない。つまり、十一勝を三場所続けられるぐらいに、力が安定していなければならない。また、二場所負け越すと、関脇に落ちる。ということは、全敗しても次の場所で八勝すれば、大関でいられる。分かったような、分かんないような……。

千代大海は弱い力士ではなかったけれど、そういう制度に助けられていたようなところがあった。魁皇は同時期の大関で人気もあって優勝もするのに、どうしても二場所連続は出来なかった。大関から横綱になるのには、二場所連続優勝かそれに準ずる成績ということになっている。つまり、優勝と準優勝である。

だから、毎場所十勝はしている稀勢の里は魁皇で（今場所は九勝だった）、五回カド番になっている琴奨菊は千代大海だと思っていたのである。そういえば、去年の九月場所で琴奨菊が十一勝したとき、僕は相撲仲間に「琴奨菊って、こんなに強かったっけ」と言ったことがあったな。二桁勝ったのは、今迄大関二十五場所で七回だけだった。分かんないもんだな。

今回優勝して報道されたものを読むと、琴奨菊はずっと苦しんでいた怪我が治ったという。トレーナーを頼んで別メニューのトレーニングをしていたというのも、テレビでやっていた。知らなかったとはいえ、僕が間違っていた。素直に謝る。

そういうわけで、日本人力士の十年ぶりの優勝で、世の中は沸いた。モンゴル人力士の優勝のときは、報道は翌朝の会見までなのに、琴奨菊の場合は、三日経っても四日経ってもニュース・ショーでやっていた。奥さんも、ずいぶんと映っていた。可愛い奥さんじゃないの。

今回の件に関して、日本人もモンゴル人も同じ力士なのに、騒ぎ過ぎだと言っていた人がいた。十年ぶりなんだから、大目に見てくれよ。

話を少し戻すと、相撲仲間は二日目の一月十一日に両国に行った。僕は家でテレビで見ていて、終わったら合流して新年会をすることになっていた。

で、居酒屋に行って、ビールで乾杯というときに、ひとりが「乾杯じゃなくて、献杯ね」と言った。「えっ、どうして?」と訊いたら、「あれっ、松村さん、知らないの? ボウイが亡くなったんですよ」という。知らなかった。ずっとテレビを見ていたのだけど、ニュース速報はなかった。

デヴィッド・ボウイが、一月十日ニュー・ヨークで癌で亡くなったのだ。そのときは、十分ぐらいボウイの話をして、あとは相撲になった。翌朝、起きると、どうも重くなってきた。一月八日ボウイの六十九歳の誕生日に発売された、ニュー・アルバム『★』を聴いた。

ジャズ・ミュージシァンと作った作品で、暗い。死の匂いがすると感じたのはまだ二日目だからで、考えてみればボウイのアルバムはいつもこうだった。

二〇一三年、十年間の沈黙を破って、ボウイは『ザ・ネクスト・デイ』でシーンに帰って来た。驚いたのは、そのジャケットだった。代表作の一枚でもある一九七七年の『ヒーローズ』のジャケットの、彼の顔の部分が白く覆われていて「The Next Day」と記されてある。今見ると、死者の顔に白い布をかけているようにも見える。

その三年後の今年に発表されたのが、『★』である。前記のように、ボウイにはいつも死のイメージがあった。音楽的には、生死を繰り返していたといってもいいだろう。同じところに、何年もいることはなかった。スタイルは、何度も変わった。まるで、それが目的であるかのように。

最初期のレコード・ジャケットは、普通のロック・シンガーだった。次に、女装をするようになった。ブレイクしてきたときには、地球に落ちて来た異星人だった。そこから、アメリカのリズム・アンド・ブルースに行った。重苦しいヨーロピアンにもなった。「レッツ・ダンス」がディスコで大ヒットしたときには、初めからのファンが離れて行って本人も反省していた。何故か、ティン・マシーンというバンドも結成した。変わり続けて行く人だった。

ボウイの死を告げられても動揺しなかったのは、このように変わり続けて行く人だったからなのかも知れない。一枚のアルバムに、一曲は死をイメージする曲があったからなのかも知れない。

七〇年代からロック・シーンの中心にいて、十年の空白の後カムバックしたと思ったらいなくなってしまった。この空白の時間は、大きい。現在の若いロック・ファンには、ボウイは理解出来ないだろう。彼等にとっては、突然現れて突然消えた人である。

そういえば、コンサートを見に行っただけではなくて、僕は直接ボウイに会ったことがあるのを思い出した。渋谷陽一がインタヴューするときに、テープレコーダーなどの荷物運びでついて行ったのだった。

異様に白い人だった。異様に痩せた人だった。僕は一言も口が利けなかった。二～三メートルのところにいたのに、ずっと黙っていた。あれは本当にあったことなのだろうか。ボウイだから、白昼夢でもおかしくはない。

一月十二日から、ボウイのCDを全部並べてある。音楽を流そうというときに、その中から選んでかける。系統立てて聴いたほうがいいのは分かっていても、そうはしない。ボウイにはふさわしくない。

ボウイで一枚といったら、何だろうか。ほとんどの人がそうだと思うのだけど、僕も初めて聴いたのは『ジギー・スターダスト』だった。グラム・ロックの精鋭ということでかまえて聴いたら、ポップで分かりやすかった。みんな、そうだろう。

一曲といったら、ヒット・シングルの「スターマン」だろうか。ボウイだからかまわないだろう、「ロックンロールの自殺者」で。

〈二〇一六年三月号〉

もののけ姫

最後に海に行ったのはいつだったのだろうと考えてみたら、十年ぐらい前だった。神奈川県の三崎海岸だった。子供達の夏休みに家族五人で行って、たしか一日は雨が降って海に入らなかったような記憶がある。その頃は、夏休みは必ず海か山に、子供達を連れて行っていた。それが、家族全員で泊まりがけで行った最後でもある。子供もそれなりの年齢になると、もう親といっしょに海や山へなんか行きたくなくなる。勝手に、友達と行く。思い返せば、自分もそうだった。

先に書いておくと、僕は泳げない。これは、もう子供の頃からそうだった。だから、夏になって小学校の体育がプールになると、憂鬱になった。出来ることなら、ずる休みをしたかった。今はどうなのか知らないけれど、僕が子供の頃は強制的にプールに入れられた。何年やっても泳げないということが分かっているのに、頭から飛び込まされた。何年やってる。結果は、分かり切っている。溺れそうになって、あわててプールの縁に向かうだけだ。

その当時、親戚が集まってみんなで海に行くなんてこともあって、あれも嫌だった。波打ち際で小さい従姉妹の面倒をみていればそれで僕はいいのに、わざわざ「ちゃんと泳げるようにならなきゃ、大人になったら困るぞ」かなんか言う叔父さんがいる。

口の中でもぞもぞと返事はするのだけど、こっちはもう決めてある。大人になっても困らない、海や川には腰までしか入らないから。なんだか、子供の頃は、海やプールが絡んでくると、無理難題を押し付けられたような気分になった。暗くなった。

あれは三崎海岸よりも何年か前で、子供達を海に連れて行ったときのことだった。いつものように、僕は腰のあたりまでしか海には入らなかった。それがどういうわけか、少しずつ先のほうに進んでしまった。ふと気づいたら、足が底についたりつかなかったりというところにいた。

波が顎の下まできていて、顔にかかる。あわてて振り向いて、浜のほうに向かった。しかし、いくら歩いても、前に進んでいるとは思えない。おそらく、浜から戻って来る流れのところにいたのだろう。砂浜で子供達が遊んでいるのが見える。一瞬、このまま死ぬのかなと思った。

横を見たら、砂浜から沖に向かってロープが張ってあって、浮きが付いている。あれに摑まって行くしかない。九十度体勢を変えて、ロープに向かって歩いた。たぶん十メートルもなかったのだろうけれど、ずいぶん時間がかかったような気がした。

ようやくロープに縋って、浜に戻った。しばらく、仰向けになっていた。海や川では腰までしか入ってはいけないのに、何をやっているんだ。それから、何もなかったような顔をして、子供達のところに行った。

さっきも書いたように、子供の頃は海へ行っても波打ち際のところにしかいなかった。あるとき、岩場の潮溜まりに行ったら、変なものがいた。引き潮で、岩の窪みに取り残されたのだろう。初めて見るものだった。

つまり、貝殻のない貝だった。つまり、剝き身の貝のようなもので、牡蠣《かき》の数倍の大きさはあった。これはいったいなんなのだろう。生きているのかそうでないのかも、分からない。しばらく見ていて、これは生きていると判定した。満ち潮になったら、海に戻るのだろう。

家に帰って調べたら、それはアメフラシという生き物だった。不思議な奴だった。貝なのに、貝殻がない。大きな魚に狙われたら、一発でジ・エンドである。危機が迫ったら、毒を出すという。それよりも、貝殻をつけていたほうが安心だろう。

もうひとつ、タツノオトシゴというのも、よく分からない。いったい、どうしたいのだろうか。英名はシー・ドラゴンで、たしかにそういう形をしている。二〇〇〇年の辰年に、江の島でこれを干したものを招福開運で売っていたので買った。水族館でテレフォン・カードも買ったし、小さな縫いぐるみも買った。いい奴のような気がする。

二〇〇七年『不思議ないきもの　ウミウシ』という本を見つけた。これは今本淳というカメラマンのウミウシの写真集である。この本によると、アメフラシもクリオネも、みんなウミウシの仲間だという。ウミウシは〔多くは〕三センチ以下程度の小さな生き物で、日本には千二百種以上もいるという。

著者は奄美大島に住んでいるので、そこに生息しているウミウシはカラフルで形も異なっている。沖縄のほうにはとんでもなく鮮やかな色の魚がいるからね。形もアメフラシやクリオネのようなのもいれば、タツノオトシゴのようなものもいる。ばったり会っても、仲間だとは分からないだろう。

しかし、水族館でウミウシやアメフラシは見たことがない。海に入って、見ることも出来ない。僕はもう膝までしか入らないことにしたから。それでも、夜中に酒を飲みながら、この小さな写真集を見ていると、なんとなく幸せな気分になる。

もう一杯飲んでもいいだろう。

ロックの世界には、ときどきとんでもないものが出現する。アメフラシやウミウシといっしょにしてはいけないのだけど、初めてケイト・ブッシュのデビュー・シングル「嵐ヶ丘」を聴いたときには驚いた。こんな曲、初めて聴いた。とてつもないものだった。

これは複雑な心持ちで、「嵐ヶ丘」は明石家さんまのヴァラエティー番組のテーマ・ソングのように使われている。ファンの間では、なるべくこのことには触れないようにしている。「嵐ヶ丘」もそれを収録したデビュー・アルバム『天使と小悪魔』も、一九七八年にリリースされている。イギリスでしか作れないレコードである。

同年、ケイト・ブッシュはこのレコードのプロモーションと東京国際音楽祭の出場のために、来日している。これが最初で最後の来日になる。音楽祭では銀賞だった。金賞が誰だったのかということは、気にしている人はひとりもいない。

このとき、僕はインタヴューをしている。前記のように、来日はこのときだけだから、本当にあのときやっておいて良かった。ＬＰ一枚聴いて、この人はとんでもないことになると確信していた。すぐに、そうなった。

会ってみたら、ケイト・ブッシュは僕なんか近づいてはいけないような、上流社会のお嬢様で美少女だった。あのとき十九歳で、すでに自分の世界を持っていた。これを六頁のインタヴュー記事にしたのだから、先見の明があったと威張っても怒られないだろう。すぐに、ワン・アンド・オンリーになった。

ケイト・ブッシュは音楽にのめり込んで、一九七八年から一九九三年までに七枚のアルバムを発表した。そこからなんと十二年間も、沈黙した。これは出産と子育てだったようで、二〇〇五年には『エアリアル』という二枚組を発表した。その後、今日まで十一年という静かな時間が経過している。

一曲選ぶとしたら、一九八〇年の「バブーシュカ」だろう。この曲が収録されている三枚目のアルバム『魔物語』は、初めて自分でプロデュースした作品である。イギリスのヒット・チャートでは、初めての第一位になっている。「バブーシュカ」は五位だった。

このアルバムは、ジャケットも凄い。彼女のスカートの中から、たくさんの動物が溢れ出してきている。いや、動物というよりも、もののけだ。この中にアメフラシやウミウシが入っていても、ちっともおかしくない。

〈二〇一六年四月号〉

空にキッスを

僕が住んでいるところの最寄りの駅には、線路沿いの土手に桜が並んでいる。だから、今はとても美しい。しかし、残念なことに、それを落ちついて見ることが出来る場所がない。線路沿いの細い道を歩きながら見上げるか、手前の信号のところで立ち止まって見るかしかない。出来ればビールでも飲みながら愛でたいのだけど、そんなことをしたら通行人の邪魔になってしまう。どうすることも出来ない。

だいたい、この時期には、僕にはあまりいいことは起こらない。基本的に、春とは相性は良くないようだ。毎年、暗い気分になっているような気がする。四月は僕が生まれた月なのに、どうしてなのだろう。最近では、春はまたひとつ歳をとるだけの季節である。いつから、こんなことになっちゃったんだろうな。

たとえば、相撲の三月場所である。今場所優勝か準優勝だったら、琴奨菊は横綱になれたのに、突然負け始めて、勝ち越すのがやっとだった。先場所の琴奨菊の優勝に刺激されて、あと二人の日本人大関の稀勢の里と豪栄道が頑張るだろうと思っていたら、たしかに頑張りはしたけれど、優勝したのは白鵬だった。その白鵬も、千秋楽は変化して勝った。大阪のファンは手厳しいから、インタヴュー中に野次が飛んで、それを聞いた白鵬が泣くなんて、これは本当に大相撲なのだろうか。腕白相撲じゃないんだからさ。

現在〔二〇一六年四月〕、ヤクルト・スワローズは一勝四敗一分である。だいたい、この頃のスワローズの成績はこんなものである。それは分かっていても、好きなチームが最下位というのは面白くない。なんとかしてほしい。

これは書かないでおこうと思っていたのだけど、いちおう触れておくと僕は参加していたバンドを辞めた。理由はよく分からない。もう面倒くさくなった。二年間、よくやったと、自分で自分を誉めてやりたい。そんなことだけではない。気分が暗くなることが続いている。

この号が発売される頃には、僕は六十五歳になっている。立派なじじいである。なんてったって、役所から「すこやか福寿手帳」なるものが送られてきたのだから。つまり、「あんた、もうじじいだからね」と、行政に言われたのである。そこには、「十五分続けて歩けますか?」とか、「自分が役に立つ人間だと思いますか?」とかいうようなことが書いてあった。いったい、どうしろっていうんだよ。

父親は五十歳で亡くなって、母親は八十歳で逝った。ということは、息子としては、間をとって、六十五歳だろうと思っていた。そう、僕は六十五歳になっているのである。生きているうちに十冊の本を出そうと思っていて、現在八冊である。

これから一年で二冊というのは、ちょっと僕には難しい。いったい、どうすればいいんだろうか。

ロック・ミュージシャンというのは、ハングリーなものだと思っていた。明るい家庭で育ち有名大学を卒業してロック・ミュージシャンなんていうのは、有り得ないと信じていた。少なくとも、僕の時代にはそうだった。ところが、それがだいぶ違ってきているようだ。

たとえば、元総理大臣の孫という人が、ロック・バンドのシンガーとして登場してきた。テレビのヴァラエティー番組でずいぶんと見るのだけど、そのバンドの演奏というのは目にしたことがない。ロック・シンガーというよりも、テレビ・タレントである。バンドがまだ活動を続けているのか知らないけれど、美人女優と結婚してもうやりたいことはないのではないだろうか。

ロックというのは、自分の演奏を聴いてもらいたいというところから出発する。そして、愛もない金もないという生活から、愛もある金もあるという生活を目指して行く。二〇一六年にこんなことを書いても、時代錯誤と言われるかも知れない。愛もある金もあるというのなら、ロックなんかやめたほうがいい。

ジミ・ヘンドリックスは一九四二年にアメリカのシアトルで生まれている。当然、まだ人種差別の激しい頃である。父親は黒人で、母親はネイティヴ・アメリカンだったといわれている。明るい未来なんか、どこにもなかった。

母親はふらっといなくなることが多かった。何日経っても帰って来ないので、探すと隣町にいたりする。そのうちに、探しても見つからなくなった。しばらくしたら、父親もいなくなった。ジミ少年と弟だけが、取り残された。つまり、捨てられたのである。

ジミはマクドナルドに行って廃棄されるハンバーガーを貰ってきて、弟と二人で食べた。その頃のジミの夢は、ガールフレンドとマクドナルドへ行って、ちゃんとお金を払って、二人でハンバーガーを食べるというものだったという。

もちろん、少年二人だけで、生きて行けるわけがない。二人は窃盗の常習犯になる。最後に捕まったとき、ジミはそれなりの年齢になっていた。刑務所に入るか軍隊に入るかと聞かれて、迷わずに軍隊を選んだ。それしかない。軍隊なら、始めていたギターを弾くことも出来る。

一年間軍隊で我慢して、ジミは向こうから辞めて出て行ってくれと言われる理由を考えついた。上官に向かって、ジミは言った。実は自分は同性愛者で、仲間を見ていると欲情してしまうと。目論見は当たって、すぐに追い出されて、ギターにのめり込んでいく。

ソロモン・バーク、アイズレー・ブラザーズ、リトル・リチャードといった、当時の人気黒人歌手のバック・バンドのギタリストとして活動をする。どのバンドでも出しゃばり過ぎると、嫌がられた。それでも、ニュー・ヨークで定着出来るようになる。そして、ある日、元アニマルズのベースマン、チャス・チャンドラーが演奏を見に来て、世界は一変する。

チャスはジミをロンドンへ連れて行って、オーディションでベーシストとドラマーを選んでジミ・ヘンドリックス・エクスペリエンスというバンドを作る。チャスはさすがに元アニマルズで、仕事が早い。ロンドンに来たのが一九六六年九月で、十二月には一枚目のシングル「ヘイ・ジョー」が発売された。これがヒット・チャートの六位になった。

その三か月後の一九六七年三月には、二枚目のシングル「紫のけむり」が三位のヒットになる。これでイギリスでの人気は決定的なものになった。ファースト・アルバム『アー・ユー・エクスペリエンスト?』は二位になった。このときの一位はビートルズの『サージェント・ペッパーズ・ロンリー・ハーツ・クラブ・バンド』だったのだから、これはしょうがない。

これでイギリスは制覇した。しかし、本国アメリカでは、ほとんど無名だった。一九六七年六月、初めてのロック・フェスティヴァルであるモンタレー・ポップ・フェスティヴァルに、ポール・マッカートニーの推薦で出演出来ることになった。自国のアメリカ人に自分の力を見せつけるチャンスである。

ステージ上でギターを叩き壊そうと思っていたら、自分の前に出演したフーのピート・タウンゼンドがやってしまった。ジミはギターにジッポーのライター・オイルをかけて、火をつけた。この日から、ジミの人気はワールドワイドになった。そして、名作を作り続けた。

一九七〇年九月、ジミの死の報道がなされた。原因はドラッグだった。二十七年間のジミの人生の中で輝いていたのは、一九六六年十二月から一九七〇年九月までの四年弱だったことになる。六十五歳にもなって暗くなっていたら、ジミが化けて出るだろう。

〈二〇一六年五月号〉

パリに死す（上）

夜中にひとりで酒を飲んでいて、ふとずいぶん外国に行っていないなと思った。五年などというものではなくて、おそらく十年以上になっているだろう。パスポートはもう使えなくなっているはずだ。しかし、新しく作る必要は、もうないだろう。最後はたぶんイギリスで、ロンドンとリヴァプールだったと思う。調べれば分かるだろうけれど、まあいいか。

最近、自分でも〝まあいいか〟が多くなっていると思う。昔は、そうではなかった。なんでも、きっちりとしなければ、気がおさまらなかった。仲間内でも、はっきりしないことは松村に訊けといわれていた。これも、年齢なのだろうか。まあいいか。

とりあえず、調べれば分かる。僕は二十歳あたりからずっと日記をつけている。それを見れば、この四十五年間のことは、いちおう分かることになっている。それらは何回もの引っ越しの結果、段ボール箱の奥に深く潜り込み、よっぽどその気にならなければ、日の目を見ることはない。

それでも、ここのところの十年分ぐらいは、机の抽き出しの中に入れてあるから、なんとか出来る。最近の日記は……というよりも事務的な日誌のようなものになっていて、どこで誰と会ったとか、行なった仕事とか、それにその日の飲酒量と睡眠時間しか書いていないという、妙なものになっている。

たとえば、先週の平均睡眠時間は四時間ぐらいで、その後七時間の日が一回あって、この原稿でまたちょっと少なくなっている。飲酒量は、毎日ビール一日本酒一焼酎一ぐらいなのだけど。

思い起こせば、十年ぐらい前に、睡眠時間三時間というのが、一年ぐらい続いたことがあった。一種の不眠症である。しかし、ものの本によると、完全な不眠症というのはなくて、昼間うとうとすることが何度もあって、それを合計すると、一時間や二時間にはなるという。そういえば、電車に乗ると、すぐに寝たなあ。

去年〔二〇一五年〕、目が覚めたら、八時間寝ていたことがあって、これは快挙だと喜んだ。年寄りは睡眠時間が少なくなるといわれているのに、八時間というのはめでたしめでたしあっぱれあっぱれである。

そうだ、小学生のときに、人間は八時間寝なければならないという強迫観念に襲われて、七時間や六時間で目覚めてしまうと、死んでしまうと怯《おび》えた。出来るものなら、あの小学生の自分に、何十回も徹夜しても、六十五歳で生きているよと言ってやりたい。

今は朝八時に起きるという生活だけど、三年前までは昼過ぎに起きて明け方に寝るという暮らしだった。というか、時間のめりはりが、滅茶苦茶だった。起きたら寝たくない、寝たら起きたくない。それで便利だったのは、外国へ行くときだ。

初めて外国へ行ったのは、たぶん一九八二年でイギリスだった。その頃は成田からロンドンまで一気に行くことは出来なくて、どこかで給油しなければならなかった。だから、二十四時間以上もかかった。行きはどこだったか覚えていないけれど、帰りの給油地はアンカレッジだった。

アンカレッジの空港の売店の店員は日本のおばさんだらけで、やたらと土産物をすすめられた。あれはやはり戦後進駐軍の兵士と結婚して、あちらへ行った人達なのだろうか。なんてったって、立ち食いうどんまであったからね。もうすぐ日本だというのに、やっぱり食べちゃうんだよね（高くて不味いんだ、これが）。

そんなことはどうでもいいのであって、つまり時間に滅茶苦茶だと時差に悩まされることがないのだ。行った国ぐらいは覚えている。イギリスとアメリカが三回、フランスが二回。フランスはパリだけで、イギリスとアメリカは数か所行っている。

前記の一九八二年のイギリスは、ポール・マッカートニーへのインタヴューだった。もうジョン・レノンはいなくなっていたときのポールだから、僕もかなり緊張していた。そのジョンに捧げた「ヒア・トゥデイ」も収録している『タッグ・オブ・ウォー』というアルバムのプロモーションだった。そういえば、去年の十月に、『タッグ・オブ・ウォー』のスーパー・デラックス・エディションというのが発売された。

それに加えられていたＤＶＤを見たら、そのときの僕が映っていた。思いつめたような顔をしている。ポールと握手して笑っていても、頬が強張っている。三十一歳の僕である。

最近のインタヴューは電話で片づけてしまうことが多いのだけど、八〇年代九〇年代は大きなプロジェクトのときはそうやって会いに行っていた。ニュー・ヨークにオノ・ヨーコに会いに行ったこともあったし、パリにミック・ジャガーの話を聞きに行ったこともあった。

ミックならロンドンだろうと思う人がいるだろうけれど、間違いなくパリである。だってエッフェル塔があったもん……などと下らないことを書くのはやめよう。ポールやミックのようになると、世界中に家を持っているのだ。ロンドンだけではない。ニュー・ヨークにもパリにもあっても、おかしくはない。エリック・クラプトンは青山に家を持っているという噂がある。

たしかこれはミックがソロで来日する前の年だったから、一九八七年だと思う。ジョルジュ・サンクという高級ホテルでインタヴューをうけるから、とりあえずそこに泊まって待っていろというような指示がミック・サイドからあった。

昔はそういうふうにしっかりとスケジュールを決めないで、向こうのいうとおりにしなければならないようなところがあった。最近はさっきも書いたように電話である。ジョルジュ・サンクなんて、とても僕が泊まれるようなホテルではない。しかし、もちろん僕が支払うわけではないから、素直に泊まった。

毎朝スタッフがミック・サイドに電話して、インタヴューの日時を訊いていた。今では信じられない話である。結局、パリ到着後三日目に行なうこととなった。キャンセルはないと思っていたのだけど、ほっとした。

当日、目の前一メートルのところに立ったミックは、わりと小柄だった。一メートル七十センチぐらいなのではないだろうか。しかし、スーパースターというのは、やはり常人とは違っている。自分が伝えたいこと以外の質問は、だいたいはぐらかされた。凄いのは、はぐらかされていることに質問者の僕が気づかなかったことだ。そういえば、あのとき通訳してくれたのは、当時ソニー・レコードにいたジョン・カビラだった。

ともかく、仕事は終わった。帰るのは明後日だから、明日は自由行動が出来る。それまで待っていた二日間も、朝に今日はないと分かっても、突然午後にやると言われるのではないかと、シャンゼリゼの近くにしか行っていなかった。お昼には、一度ホテルに戻っていた。

行くところは決めてある。ペール・ラシェーズという墓地である。こういういい方はおかしいかも知れないけれど、ここは有名な墓地である。古くからある広大なもので、フランスの作家や音楽家がたくさん眠っている。

そこに行かなければならない。そこにジム・モリソンの墓があるからだ。ジム・モリソンはドアーズの中心人物で、一九七一年に二十七歳でパリで客死してしまった。ミック・ジャガーのインタヴューは口実で、僕はジム・モリソンの墓参りをするためにパリに来たのである。

ジョン・レノンとポール・マッカートニーのビートルズと同じように、ジム・モリソンのドアーズに夢中になったから今の自分がいる。明日はペール・ラシェーズに行って、死者となったジム・モリソンと会うのである。

〈二〇一六年六月号〉

III

パリに死す（下）

五月三日［二〇一六年］に、ヤクルト・スワローズ対ＤｅＮＡベイスターズの試合を見に、横浜スタジアムに行った。この日のゲームは、バレンティンのスリー・ラン・ホームランと山田のツー・ラン・ホームランが空を舞うという気持ちのいいもので、六対〇でスワローズが快勝し、めでたしめでたしだった。

この時点ではスワローズは勝率五割で、四位だった。で、今はというと、六位である。しかし、一位のチームとの差は、五〜六ゲームである。つまり、セ・リーグのチームは、現在ほとんど力の差はなくて、少し連勝連敗が続けば、すぐに順位は変わることになる。

去年だって、スワローズは首位になったり最下位になったりして、セ・パ交流戦が終わったあたりから調子を出して、最後には優勝したのだ。だから、今スワローズが最下位なんてのは、まったく気にならない。なんてったって、今年は山田とバレンティンと、大砲が二人だからね。のんびり見ていよう。

五月二十日に、大相撲夏場所十三日目を見に、両国国技館に行った。相撲は本当は幕下あたりから見たいのだけど、どうも最近は到着すると十両になっている。自宅から国技館までは約一時間と分かっているのに、どうしてもこうなってしまう。何故なのだろうと考えて、分かった。この頃、道を歩いていて、人に抜かれることがある。つまり、歩く速度が遅くなっているのだ。いうまでもなく、あたしゃ六十五歳の老人なんだ。孫が二人いる。介護保険料も支払っている。まあ、しょうがないといえば、しょうがない。

早く両国へ行きたいというのには、もうひとつ理由がある。駅前にある立ち食いそば屋に寄りたいのだ。かつて、僕は立ち食いそばに凝ったことがあった。けっこう遠くまで行ったものだ。今ではもうそういう趣味はなくなったけれど、一度この両国駅前の店に入ったら、美味かった。で、相撲の前に寄りたいのに、もう十両の時間では無理だ（これって、国技館じゃないほうの出口ね）。

この日の相撲はというと、稀勢の里と白鵬の全勝対決で、僕はもう十五年ぐらいは国技館に来ているのだけど、観客があれだけ盛り上がったのは初めてだった。結局、稀勢の里は負けてしまった。だけど、来場所優勝すれば、横綱だ。七月、名古屋で燃えろ。

五月二十三日に、南青山マンダラで、ライヴを行なった。僕がバンドを辞めたと言ったら、近藤智洋、岡本定義、大塚利恵がいっしょにやろうという。みんな、僕より一回り以上も若い。ちょうど十年前に、下北沢でいっしょにライヴをやったことがあったのだ。

もちろん、そのとき僕は歌ってはいない。三十分ぐらい、話したような気がする。今回は、歌う。五月二十一日に、スタジオでリハーサルをした。その結果、気持ちの良いライヴが出来た。楽しかった。

というわけで、五月二十日は相撲、五月二十一日はリハーサル、五月二十三日はライヴということになった。三日とも、終わったら酒になった。「そんなことをしていて、いいのか！」と、今では僕も言いたい。毎月、十五日から二十五日あたりまでは、原稿の締切になっている。その最後のほうの三日が、消滅してしまったのだ。それはどんどんその後の日々に、しわ寄せがくる。月末には、「小説すばる」の締切がある。毎日、編集部のSさんから、電話がかかってくる。少しずつ、声が険しくなってくる。言外に、お前もう辞めるかと言っている。

頭の中で、〝急病につき……〟などというフレーズも浮かんでくる。今、考えられる急病って、なんだろう。

ドアーズは一九六七年にレコード・デビューした。セカンド・シングルの「ハートに火をつけて」がチャートの一位になるビッグ・ヒットになって、一躍人気バンドになる。ドアーズが他のバンドと異なっていたのは、UCLA出身の知的なところだった。メンバーもそれを意識していた。

ドアーズは順調にヒット・レコードをリリースしていって、中心人物のヴォーカルのジム・モリソンはセックス・シンボルとまで言われるようになる。行動は過激になっていき、トラブルメイカーになっていく。

ステージで性器を露出したという理由で逮捕され、裁判にもかけられる。今ではこれは警察のでっちあげだということが分かっているのだけど、それで活動は制限されてしまった。

一九七一年、ついにプロデューサーまで離れて行き、ドアーズは自分達だけで『L・A・ウーマン』のレコーディングを行なった。「ライダーズ・オン・ザ・ストーム」は、その最終曲である。嵐の中のライダーは、死の国に向かっているかのようだった。そして、消え去った。

レコーディングが終了すると、ジムはガールフレンドのパメラとパリに行った。結局そこに半年近くいることになるわけで、ジムはもうアメリカに帰る気はなかったのかも知れない。アメリカ人のヨーロッパ志向といってしまえばそれまでではあるけれど、僕はジムは再生を願っていたのではないかと思っている。服もすべて買い替えたという。

七月三日、パメラはジムがバスタブの中で死亡しているのを発見する。七月八日にそれが発表されたとき、ジムはもうペール・ラシェーズ墓地に埋葬されていた。ジムの遺体を見たのはパメラだけということもあって、しばらくは生存説もあった。もうロック・スターなんかには戻りたくないと。

一九八七年九月の終わり、ミック・ジャガーのインタヴューが終わって、僕はペール・ラシェーズに行った。ここには、ショパン、ビゼー、バルザック、ワイルド、ピアフなども眠っている。

墓地の中を歩いて行くと、ごみ箱にジムが書いた詩の一節が記されてあった。そのまま進んで行くと、周囲はドアーズの詞の落書きだらけになった。最後には、ほとんど十メートル四方すべての墓石が、落書きでいっぱいになっていた。その中心にあるのが、ジム・モリソンの墓だった。

平日の午前中だというのに、十人以上の人間がそのまわりに座っている。明らかに、マリファナの匂いがする。そういえば、毎年七月三日の命日には、数百人が集まるという噂を聞いたことがある。ドアーズの音楽を流して。

誰も何も喋らない。じっと座って、ジムの墓を見ている。知らない人は不気味だろう。しかし、僕は知っている。困った奴等だけど、こいつらは仲間なのだ。カメラを取り出して墓石の写真を撮っても、何も言わずに見ている。

それにしても、この墓は小さくないか。この中に、本当にジム・モリソンがいるのだろうか。三年前に亡くなったドアーズのリーダーのレイ・マンザレクにそう言ったら、彼も小さ過ぎると言っていた。これは墓ではなくて、地下の国への入口なのではないかという気がしてきた。

ひとりが去ると、別のひとりが来る。いつも、十人ぐらいがいるということになる。僕も一時間ぐらいはいた。パリにいるというのに、墓の前で座っていたのだ。なんだか分からないけれど、ともかくジム・モリソンに関係のある石に別れを告げた。ペール・ラシェーズの外に出ると、そこは普通のパリの町だった。

とりあえず、昼食にしよう。店に入って、ビールを頼んだ。終わって、外に出て、歩いて、また酒を飲んだ。それを繰り返した。気がついたら、ジョルジュ・サンクの自分の部屋で寝ていた。僕は何処に行っていたのだろう。

〈二〇一六年七月号〉

世界はあなたを待っていた

六月二十九日〔二〇一六年〕現在、ヤクルト・スワローズは三十三勝四十三敗一分で、セ・リーグの最下位である。……それがどうした、何か文句があるか！　しょっちゅうやってるんだよ、最下位なんて！　慣れてるんだよ、こっちは！

だいたい、セ・リーグのチームで勝ち越しているのは、四十五勝二十九敗三分の首位の広島カープだけである。第二位の読売ジャイアンツだって、三十四勝三十六敗三分なのだ。つまり、セ・パ交流戦で、パ・リーグに滅茶苦茶にやられちゃっているんだ、セ・リーグは。ちなみに、パ・リーグの首位のソフトバンク・ホークスの貯金は二十八、第二位のロッテ・マリーンズの貯金も十三、三位の日本ハム・ファイターズだって十の貯金がある。

だから、第二位のジャイアンツと第六位のスワローズとの差は、たったの四ゲームである。なんとか出来ない数字ではない。問題は首位のカープと第二位のジャイアンツとの差が、九ゲームだということだ。九足す四は十三だと教わった覚えがあるから、これはちょっと難しい。

スワローズ不調の原因は、ピッチャーである。バッターには、問題はない。我等の山田哲人は打率三割三分二厘、打点六十四、本塁打二十六で、現在三冠王である。バレンティンも打点

五十二、本塁打十六である。ついでに、坂口が三割三厘、川端が三割ちょうどということも書いておこう。そして、ピッチャーはというと……やめておこう。

僕だって、スワローズ連覇などという、身勝手なことは考えていない。去年の優勝は、十四年振りだったんだからね。それ以上に優勝していないチームとなると、DeNAベイスターズの最後が一九九八年になる。広島カープは一九九一年だから、なんと二十五年目になる。

だから、いいですよ、カープの四半世紀振りの優勝で。ただし、スワローズは第三位までに入って、クライマックス・シリーズで決めたいと思っています。

エルヴィス・プレスリーは一九三五年に生まれた。両親はプア・ホワイトと言われる境遇だった。彼が生まれ育った家の写真を見たことがあるのだけど、まるで西部劇の掘っ立て小屋だった。ハイスクールを卒業すると、電気会社のトラック運転手になった。

そして、母親の誕生日のプレゼントに、パーソナル・レコーディング・サーヴィスで、自分が歌ったレコードを作った。これが評判になって、メンフィスのマイナー・レーベルからデビューすることになった。またまたそれが評判になって、RCAビクターというメジャーのレコード会社に移ることになった。デビュー曲の「ハートブレイク・ホテル」は、一九五六年四月にヒット・チャートの第一位というビッグ・ヒットになった。

以後、「ハウンド・ドッグ」、「ラヴ・ミー・テンダー」、「トゥー・マッチ」、「オール・シュック・アップ」、「テディー・ベア」、「ジェイルハウス・ロック」〔監獄ロック〕、「ドント」と、発売するレコードはすべてナンバー・ワン・ヒットになって、スーパースターになった。

しかし、一九五〇年代のアメリカである。黒人音楽から派生したロックンロールなどというものを、許しておくわけにはいかない。熱狂しているティーンエイジャーを、なんとかしなければならない。それでも人気には勝てないから、テレビに出演させるけれど、下半身の動きが下品だからといって、上半身しか映さないとか、「ハウンド・ドッグ」をブルドッグに向かって歌わせるなどという、嫌がらせをする。

それでも人気は衰えないので、アメリカ政府は陸軍に徴兵する。これは明らかに見せしめなのだけど、エルヴィスは素直に入隊する。つまり、彼には社会に対する反抗のようなものは、まったくなかったのである。ひとりのロックンロール・シンガーで、充分だったのだ。

たとえば、エルヴィスのマネージャーは（不法入国者だという噂があった）、彼の収入の二十五パーセントを取った。父親はそれは多すぎると言ったけれど、彼は気にもしていなかった。メンフィスの豪邸に住んで金の苦労などないのだから、それでいいと思っていたらしい。最後には、マネージャーの取り分は五十パーセントになった。

軍隊で二年間過ごしたエルヴィスは、最終的には軍曹になって除隊した。その約一年後、マネージャーは彼のコンサート活動を中止する。映画出演だけにする。つまり、エルヴィス・プレスリーはスクリーンだけでしか見ることの出来ない、手の届かない存在にしたのである。

その結果、一九六一年三月のハワイでのコンサートを最後にして、エルヴィスは人前に現れなくなった。一年に二作から三作の映画に主演して、そのサウンドトラックＬＰを発売するだけになった。それが一九六八年まで続いた。マンネリの極みである。

一九六一年から一九六八年までというと、ロックの世界が大きく変化したときである。ボブ・ディラン、ビーチ・ボーイズ、ビートルズ、ローリング・ストーンズ……。その間も、エルヴィスは一年に二本のラヴ・コメディーに出演し続けた。ロック・ファンには、前世紀の遺物と言われていた。

本当に、不思議でしょうがない。十数年前にロックンロールを作ったと言ってもいい人間が、どうしてそんなことで良かったのだろう。つまり、マネージャーにそう指図されたからだろう。ビートルズが「ラヴ・ミー・ドゥ」から「レヴォリューション」まで来ている間、まったく変わらなかったのだ。

やはりそう思っていたNBCテレビのプロデューサーが、一九六八年に『エルヴィス』というクリスマスの特別番組の企画を作る。マネージャーにはクリスマス・ソングを歌うだけと思わせておいて、実際には革ジャンパーを着たエルヴィスにロックンロールを歌わせた。これが、なんと七十二パーセントの視聴率になった。正に、全米が熱狂した。

さすがに、マネージャーも映画出演を中止して、コンサート・ツアーを再開した。それを撮影した『エルヴィス・オン・ステージ』は、世界中で大ヒットした。それから亡くなるまで、毎年百数十回のコンサートを行ない続けた。もはや、ロックの流れとは別の存在になったのである。

何度でも言おう。不思議な人である。圧倒的な力を持つシンガーなのに、コンサートは止めて映画に出ろと言われると、そのとおりにして、なんとも思わない。やはり、映画は止めてコンサートをしろと言われると、そのとおりにする。

当時のサウンドトラック・レコードを聴くと、びっくりする。はっきりいって、ほとんどはどうでもいい曲なのに、エルヴィスはどれもしっかりと歌っているのである。これだけの実力がある人が、こんな曲を歌っていたのかと唖然としてしまう。だから、カムバックしてからは、たくさんの名曲を残した。

フランク・シナトラの「マイ・ウェイ」やダスティー・スプリングフィールドの「この胸のときめきを」などは、とてもカヴァーとは思えない。オリジナルを超えている。あの映画の数年間は、いったいなんだったのだろうか。きっと、そういうことを考えたことはなかったのだろうな。

「サスピシャス・マインド」は一九六九年八月に発表されて、十一月にヒット・チャートの第一位になった。つまり、コンサートをやめて映画に集中するようになってから、初めてのナンバー・ワン・ヒットである。素晴らしいというしかない。これがエルヴィスの最後のスーパー・ヒット・ソングになった。

〈二〇一六年八月号〉

二十六歳だった

惜しかったなあ、名古屋場所の稀勢の里は。十四日目の時点で、日馬富士が十二勝二敗で稀勢の里と貴ノ岩が十一勝三敗だった。千秋楽、稀勢の里と貴ノ岩が勝って、日馬富士が負けたら、面白いことになったのに。優勝決定戦である。

三人での決定戦といったら、巴《ともえ》戦である。これはA、B、Cと三人の力士がいたら、まずAとBが戦う。それでAが勝ったら、次にAとCが取る。そこでAが勝ったら、Aの優勝になる。しかし、Cが勝ったら、今度はCとBの相撲になる。つまり、他の二人に続けて勝たなければならないのだ。

実力が伯仲《はくちゅう》していたら、四番も五番も続くということになる。久しぶりにそういう巴戦を見たいなとも思ったのだけど、もちろん望んでいたのは稀勢の里の優勝である。横綱昇進である。ところが、三人とも勝って、日馬富士の優勝になっちゃった。

十二勝三敗とはいっても、準優勝である。大関から横綱に昇進するのは、二場所連続優勝かそれに準ずる成績である。二所ノ関審判部長は「来場所につながったね。星ひとつの差だから」と言っている。八角理事長も「よくやったと思う。やっぱり、優勝が欲しいね」と言っていた。

ところが、ＮＨＫのテレビのアナウンサーは、十三日目に負けて三敗になったときに、「これで、稀勢の里の綱取りは白紙になりました」と言っていた。それはおかしいでしょう。

実際に、今迄にも二場所準優勝で横綱になった力士もいた。また、貴乃花は大関十場所目で全勝優勝したのに、横綱になれなかった（次の場所も全勝優勝して、もう文句は言わせなかった）。なんとなく、そのときの雰囲気といったところがある。こういうところが、大相撲なのである。

しかし、相撲ファンが鬱屈しているのも、協会は分かっているはずである。三人の横綱は全員モンゴル人力士であって、ずっと三人が優勝している。今年の初場所の琴奨菊は、十年ぶりの日本人力士の優勝だった。そりゃあ、暗くなっちゃうよ。

こういう考え方はありえないけれど、記録を見ると、稀勢の里は六百九十三勝四百四十一敗で、勝率は六割一分一厘である。それに対して、横綱鶴竜は六百七勝四百十七敗で、五割九分二厘である。おかしいじゃん。稀勢のほうが強いじゃん（まあ、因縁つけてるっていうのは、自分でも分かってますけど）。

また、今場所の稀勢の里で口惜しかったのは、十日目である。松鳳山の立ち合いの変化で、負けちゃったのだ。あれがなかったら、十三勝二敗で優勝決定戦だったんだ。千秋楽の白鵬との一番で日馬富士は膝を痛めていたから、稀勢の里は有利だったんだけどな。

まあ、しょうがない。来場所は両国だから、自分の目で稀勢の里の横綱昇進を見てやろう。

ヤクルト・スワローズの件は、そのうちね。小川と石川と館山と畠山と川端が、本調子になってからね。

六〇年代の終わりから七〇年代の初めにかけて、重要なロック・スターが相次いで亡くなった。一九六九年七月三日にブライアン・ジョーンズが、一九七〇年九月十八日はジミ・ヘンドリックスが、一九七〇年十月四日にジャニス・ジョプリンが、一九七一年七月三日はジム・モリソンが亡くなっている。

死因はドラッグと言われているのだけど、正確な発表はされていない。全員頭文字にJがついているので、次は自分かも知れないとミック・ジャガーが怯えていたという。四人とも二十七歳だったというのは、不思議な符合である。ミックも一九七一年に二十七歳である。

その少し前、一九六七年十二月十日に、オーティス・レディングが亡くなっている。彼の場合はドラッグなどではなくて、飛行機事故だった。リズム・アンド・ブルースのキングといってもいい人だったから、これはショッキングだった。亡くなって分かったのは、そのとき二十六歳だったということで、そんなに若かったのかと、びっくりしてしまった。

死の三日前にレコーディングしたという「ザ・ドック・オブ・ザ・ベイ」が発売されて、翌三月にはヒット・チャートの第一位になっている。

ここで気になるのは、ジミ・ヘンドリックスもジャニス・ジョプリンもオーティス・レディングも、一九六七年六月に開催されたモンタレー・インターナショナル・ポップ・フェスティヴァルに出演していて、そこで一躍スターになったということだ。同名の映画には、会場内を歩いているブライアン・ジョーンズも映されている。

ただし、オーティス・レディングだけは、ちょっと事情が違った。黒人の間では、オーティス・レディングはもうスターだったのだ。しかし、ほとんどの白人は、彼の名前も知らなかった。だから、白人の間でブレイクしたと言ったほうが、いいのかも知れない。

当時のアメリカ白人の間では、ブラック・ミュージックは下品で聴くに堪えないものだったのだ。だから、子供達にも聴かせないようにしていたのだ。ところが、黒人音楽に影響を受けたエルヴィス・プレスリーは、白人の若者達のスターになった。ブラック・ミュージックとエルヴィスの影響を受けたビートルズは、スーパースターになった。

ビートルズだけではなくて、アニマルズやローリング・ストーンズなどの、イギリスのバンドは、みんな黒人音楽に憧れていたのである。だから、イギリスのロック界には、人種差別はなくて、ジミ・ヘンドリックスもすぐに受け入れられたのである。

その頃、ミラクルズのスモーキー・ロビンソンは、ビートルズが自分の「ユーヴ・リアリー・ゴッタ・ホールド・オン・ミー」〔ビートルズの曲名表記は「ユー・リアリー・ゴッタ・ホールド・オン・ミー」〕をカヴァーしているのを知って、感激していた。白人のスーパースターが黒人の曲を演奏するなどということは、それまでにはなかったことだった。

いうまでもなく、スモーキー・ロビンソンは黒人の間ではスターだった。しかし、ほとんどの白人は、彼のことを知らなかった。白人が知っているブラック・ミュージックは、限られていた。ダイアナ・ロスとスプリームス、テンプテイションズ、スティーヴィー・ワンダー、ジャクソン・ファイヴ……。

オーティス・レディング、サム・アンド・デイヴ、ウィルソン・ピケット、アレサ・フランクリンなどは、明らかに黒人のための黒人音楽だった。それが、モンタレーで白人の若者達に拍手喝采されたのである。時代は変わりつつあったのだ。だから、「ザ・ドック・オブ・ザ・ベイ」もナンバー・ワン・ヒットになったのである。

モンタレー・インターナショナル・ポップ・フェスティヴァルでのオーティス・レディングのライヴ・アルバムは、レコードで発売されていた。しかし、日本盤はなかったし、片面だけだった（もう片面は、ジミ・ヘンドリックス・エクスペリエンス）。

だから、ここでは『ヨーロッパのオーティス・レディング』から選びたい。モンタレー・ポップとほぼ同時期に、イギリスとフランスで行なわれたツアーのライヴである。イギリスやフランスではアメリカのように激しい人種差別はなかったから、やりやすかったのではないだろうか。リスペクトされている。

一曲といったら、やはり「トライ・ア・リトル・テンダーネス」だろう。素晴らしいというしかない。たしか、モンタレーでこの曲を歌う前に、オーティス・レディングは「ドゥー・ユー・ラヴ・イーチ・アザー？」と言っている（うろ覚えだけど）。「愛し合ってるかい？」である。今、気がついた。ヤクルト・スワローズの小川投手は、二十六歳だった。

〈二〇一六年九月号〉

あの時僕は高校生だった

先月号から一か月が経って（当たり前だ）、ヤクルト・スワローズには小川と石川が戻って来ている。しかし、川端も畠山も館山もまだいないわけで、おそらく今年はもう無理だろう。それでも、現在セ・リーグの四位であって、なんとか三位になって、あの不思議なクライマックス・シリーズに出てくれないかな。去年優勝したのだから、我がままを言ってもしょうがないか。

大相撲九月場所は、十三日目の九月二十三日〔二〇一六年〕のチケットが買ってある。今場所優勝すれば、稀勢の里は横綱になれる。これは大関で二場所連続優勝かそれに準ずる成績で横綱になれるという、内規があるからだ。しかし、稀勢の里はまだ一度も優勝したことがない。稀勢の里の前に国民的人気があった大関の魁皇は、五回も優勝していたのに、結局連続が出来なかったから、大関で引退してしまった。しょうがないと言えば、しょうがない。

なんとなく判然としない書き出しなのは、今八月三十日で台風十号がやって来ているからだ。かなり大きな台風で、関東地方に上陸するかも知れないということだったので、ちょっと緊張していたけれど、太平洋を上がって行ったようだ。

毎年、ひとつは大きな台風がやって来る。そういうニュースを聞くと、前の日にスーパーマーケットに行って三日分ぐらいの食料を買ってくる。ベランダに置いてあるものも、全部家の中に入れる。今回もそうしたのだけど、まあなんとかなりそうだ。

当日、会う約束があっても、台風だから中止にしようという電話が、たいてい前日に先方からかかってくる。自分と会うために雨と風の中を六十五歳のじじいを歩かせて、怪我でもされちゃ困るということなのだろう。それでも、ありがたい。アントニオ猪木は小学生のとき、雨が降ると学校に行かなかったそうだ。

先週の八月二十二日にやって来た台風九号も、かなり大きかった。テレビで中継を見ていたら、なんと僕の住んでいる所が避難準備地域になっていてびっくりした。驚いて窓から近所を見ても、もちろん戸を閉ざしていて分からない。えっ、いるの、いないの？

とりあえず、避難することになったら持って行くものを、チェックした。まず、お金と預金通帳だろう。次に大事なものといったら、ＣＤと本である。棚を精査したら、ＣＤ百枚と本百冊はなんとかしなければならない。

それで、僕は避難することは出来ないということが、分かった。避難場所はたしか家から二十分ぐらい歩いた所にある小学校である。この雨と風の中、百枚のＣＤと百冊の本を持って二十分歩くのは無理だろう。だいいち、そんな大きなバッグもない。

そこへ、「大丈夫？」と娘から電話がかかってきた。以上のことを説明すると、呆れたような声を出して切った。十分ぐらいしたら、またかかってきた。僕の住んでいるところの区役所に電話して訊いたら、危険なのは崖のある一部の地域だけなのだそうだ。

前にも書いたことがあったと思うのだけど、僕の住んでいる所は一種の丘の上で、途中は当然坂ばかりで、家が並んでいる。その中にはかなり不自然に建っている家もあって、その前を通るとどうしても地震のときはどうなのだろうかと思ってしまう。

そういうことだった。で、その持って行くCDを選んでいるときに、しばらく聴いていないものばかりだなと思った。その中に、スパイダースのものもあった。スパイダースといったって、デヴィッド・ボウイのスパイダース・フロム・マースじゃないよ。

六〇年代の日本のバンドである、田辺昭知とスパイダースである。田辺昭知という人は今は田辺エージェンシーというプロダクションの社長で、その世界でトラブルが起きると、芸能界のドンということで、よく名前が出てくる。

僕なんかにとってはスパイダースのリーダーでドラマーだったわけで、なんとなく不思議である。田辺がスパイダースを結成したのは一九六一年頃で、メンバー・チェンジを繰り返して、最終的な七人になったのは、一九六三年だったという。

田辺昭知（ドラムス）、かまやつひろし（ギター）、井上孝之（ギター）〔のちに堯之〕、大野克夫（キーボード、スチール・ギター）、加藤充（ベース）、堺正章（ヴォーカル）、井上順（ヴォーカル）の七人である。

初めは方向性がはっきりとしなかったけれど、一九六四年にかまやつが日比谷のアメリカン・ファーマシーでアメリカ盤の『ミート・ザ・ビートルズ』を見つけて、メンバーに聴かせて、これで行こうということになった。そして、一九六五年の「フリフリ」で、レコード・デビューする。

一九六六年、ビートルズが来日して、日本中のレコード会社が、こういうものを作ろうということになった。いいですか、一九六四年にはもう日本盤も発売されていて、ヒットしていたんですよ、ビートルズは。騒ぎにならなければ、何もする気はなかったんですよ。死ねばいいのに。

ビートルズ来日時にデビューしていたのは、スパイダースとブルー・コメッツ（一九六六年三月、『青い瞳』）だけだった。それから、どれだけのグループがデビューしたのだろう。百や二百ではない。悲しいことに、当時ロック・バンドという名称は日本にはなくて、グループ・サウンズ（略して、GS。ガソリン・スタンドかよ）と呼ばれていた。

もっとも人気があったのは、スパイダースとブルー・コメッツ、沢田研二がいたタイガース、萩原健一がいたテンプターズといったところだろう。

今でも覚えているのは、スパイダースは演奏が格好良かっただけではなくて、MCが圧倒的に面白かったことだ。なんてったって、堺正章と井上順がいるのだ。たとえば、〝俳句シリーズ〟というのがあって、堺が井上を後ろ向きに立たせて、「順ちゃんの　髪の形は　歯ぶらしだ」などとやる。面白いのだけど、ロック少年は笑うわけにはいかない。

このグループ・サウンズ・ブームは、一九七〇年にはもう下火になっていた。いつだったか、この終焉は仕組まれたものだったと、ラジオでかまやつが言っていた。ブームに乗り遅れて、バンドがいなかったレコード会社が、それを潰すために、わざとひどいグループのレコードを作ったのだという。つまり、粗製濫造である。

スパイダースも田辺が自分達のオフィスの経営に専念することになり、ドラマーが代わる。堺や井上はタレント活動を主体にして、小さなステージではスパイダース・マイナス2という名称でかまやつを中心にする。

実質的に解散したのは一九七一年の初めで、これはタイガースやテンプターズもいっしょだった。一九六七年から一九七〇年までのストーリーだった、グループ・サウンズは。

さて、スパイダースの一曲といったら、ちょっと難しい。シングルが二十三枚あって、一九七〇年以後はスパイダースのものなのか堺や井上のソロなのかさえも分かりづらい。

日本で最初のロック・バンドのシングルの「フリフリ」、本人達は嫌がったという大ヒットした浜口庫之助作の「夕陽が泣いている」、今でもテレビでかまやつと堺が歌うことがある「バン・バン・バン」、彼等の映画の主題歌だった「真珠の涙」……。

やはり、ここでは「あの時君は若かった」にしよう。一九六八年三月の、十三枚目のシングルである。彼等にしては珍しく、曲の中に堺のソロ・パートと井上のソロ・パートがある。これもスパイダースの名曲のひとつだろう。

しかし、こういうタイトルの曲を作るということは、何か見えていたのだろうか。

〈二〇一六年十月号〉

ビタースウィートなポップ・ロックとでもいうのかな

大相撲九月場所で期待されていたのは、なんといっても大関稀勢の里の横綱獲りだった。これは前にも書いたことがあったかも知れないけれど、大関が横綱になるのに条件はひとつだけである。二場所連続優勝か、優勝と準優勝である。かつては二場所準優勝で横綱になった力士もいたのだけど、ろくな成績は残せなかった。

だいたい、相撲の昇進というのは、そのときの状況によって変わる。つまり、いい加減といえば、いい加減なんだよ。二場所準優勝で横綱になったときは、たしか横綱がひとりしかいなかったからじゃなかったかな。で、今はというと、横綱が三人もいて、特に稀勢の里が昇進しなくてもいい。

しかし、お金を払って見に来ている観客が苛立っているのは、相撲協会も分かっているはずだ。最後の日本人横綱は貴乃花で、引退したのは平成十五年〔二〇〇三年〕一月場所である。つまり、もう十三年も経っているんだ。現在の三人の横綱は、全員モンゴル人だ。相撲は日本の国技なんじゃないの（国技だと言い始めたのは、相撲協会だけどさ）。

だから、稀勢の里が横綱になれば、とりあえず収まる。なおかつ、今場所は白鵬が休場している。稀勢の里は先場所が準優勝だったから、今場所優勝すれば文句はない。僕達は十三日目のチケットが買ってあって、なんとかその日まで白星を続けていってもらいたいと願っていた。

ところが、その前日の十二日目までの稀勢の里の成績は、なんと九勝三敗だった。もう、諦めたほうがいいかも知れない。いつも、こうなんだよ。プレッシャーに弱いんだろうな。なんとか、今場所も準優勝まで持っていってもらいたい。しかし、それも無理かも知れない。

十二日目の段階で日馬富士と髙安と遠藤が十勝二敗で、なんと豪栄道が十二勝の全勝だったのだ。ファンが注目しているのはもう稀勢の里ではなくて、豪栄道の優勝だったんだ。はっきりいって、場所前に豪栄道の快進撃を予想していた人は、いなかっただろう。そういえば、一月場所の琴奨菊の優勝だって、同じことだ。

九月二十三日〔二〇一六年〕、僕達は両国国技館に行った。雨が降っていた。この日、遠藤は勝って、十一勝になった。思えば、現在の相撲ブームを作ったのは、遠藤だったんだ。髙安は負けた。稀勢の里も負けて、四敗になった。もう、無理だ。鶴竜なら、勝てる相手なのに。結びの一番は日馬富士対豪栄道で、豪栄道の苦し紛れの首投げが見事に決まった。土俵に座布団が舞って、国技館は大騒ぎになった。

千秋楽は、うちでテレビで見た。豪栄道は琴奨菊に勝って、全勝優勝した。凄いものである。豪栄道の大関在位は十三場所で、そのうち四場所で負け越している。そういう人が、全勝優勝してしまうのである。流れというのは、分かんないものだ。

十一月場所で優勝か準優勝で、豪栄道は横綱になることが出来る。一月場所では、琴奨菊が優勝している。結局、稀勢の里は準優勝はするけれど、優勝することは出来ない。琴奨菊も豪栄道も弱いと言われながら、優勝した。さあ、稀勢の里、どうする。もう、優勝するしかないだろう。

僕は反省会をするために、居酒屋に向かった。いや、僕達が反省しても、どうもしないんだけどね。

日本人のミュージシャンと酒を飲むことは、ときどき、ある。コンサート後の打ち上げでもあるし、仲の良いミュージシャン数人と飲むこともある。あるときそういうひとりを電話で誘ったら、「あっ、松村会ですか?」と言われた。「松村会? 何、それ?」と訊いたら、彼はつまり〝竜兵会〟のようなものだと思っていたらしい。

外国人のミュージシャンと飲むこともある。とはいっても、「来週、松村会やるから、来ない?」とロンドンに電話するわけはない。たいていは、打ち上げである。話に勢いがつけば、数人で二次会に行くこともある。

自分でも不思議なのは、そういうときは英語を喋っていることである。素面《しらふ》のときにイギリス人に話しかけられたら、僕は聴こえないふりをして後ずさりするだろう。考えられるのは、僕は酔っぱらっているから、ブロークンでも恥ずかしくない。相手はこいつは酔っぱらっているから、こういうことを言っているのだろうと推察してくれる。まあ、そんなところだろう。迷惑な奴なんだ、僕は。

ニック・ロウとは、五〜六回は飲んでいるのではないだろうか。そこで彼が日本酒をけっこう飲んでいたから、そのことを原稿に書いた。すると、次に来日したときに、「僕が日本酒が好きだと、書いただろ。いっぱい貰っちゃったよ」と言っていた。後から訊いたら、ロンドンで近所にお裾分けしたそうだ。

ニックさんは一九四九年生まれで、僕と二歳しか違わない。となると、聴いてきた音楽も、重なるところが少なくない。音楽というのは、こういうところが有り難い。自動車が大好きな外国人に話しかけられたら、僕は寝たふりをするだろう。

もともとは、ニック・ロウは少年時代の仲間達とブリンズリー・シュワーツというバンドを結成した。今聴くとなかなか興味深いバンドなのだけど、これはうまくいかなくて解散した。そこでソロ活動をしながら、彼はプロデューサーの仕事もした。なんと、これがイギリスでは最初のパンクということになってしまった。

今ではパンクはイギリスで発生したものと思われているふしがあるけれど、もちろんアメリカで始まったものである。だから、イギリス人はイギリス最初のパンクを考えたりするのである。僕はニックさんがそうでもいい。そうでなくてもいい。

ともかく、ニック・ロウの初めてのソロ・シングル、「ソー・イット・ゴーズ／ハート・オブ・ザ・シティー」（一九七六年）は、イギリスで最初のパンクのレコードとされている。もちろん、本人はそんなことは意識していなくて、好きなように作っただけだという。

彼がプロデュースしたバンドも、みんなパンク・バンドといわれるようになった。ダムド、リチャード・ヘル、グレアム・パーカー・アンド・ザ・ルーモア、エルヴィス・コステロ、ドクター・フィールグッド、プリテンダーズ……。今見ると、パンクというのは無理なバンドもある。ミュージック・ビジネスには、こういうところがある。そういえば、ポリスも最初はパンクに入れられていたな。ポリスって、レゲエをやってたんじゃなかったっけ。

ニック・ロウとパンクの関係が言われなくなったのは、二枚目のソロ・アルバム『レイバー・オブ・ラスト』（一九七九年）がヒットしてからだろう。これはポップ・ロックのお手本のようなレコードで、名作である。レコード・ジャケットの写真も載っているだろうから書いておくと、このときニックさんは三十歳でヒット・レコードも何枚も作っているというのに、ジャケットを見たお母さんに「髪の毛を切りなさい」と言われたと、笑って教えてくれた。まだ、そういう時代だったんだ。

このアルバムからシングル・カットして、ヒットしたのが「クルエル・トゥー・ビー・カインド（恋するふたり）」である。アメリカでもヒット・チャートの十二位まで行っているのだから、ビッグ・ヒットといってもいいのではないだろうか。

ニックさんのポップ感覚が素晴らしい曲で、今でもライヴでは必ず演奏している。名作であるアルバムに収録されている、名曲といってもいいだろう。この曲を聴くと、真夜中までいっしょに酒を飲んだニックさんを思い出す。あれから何年経ったのだろう。

〈二〇一六年十一月号〉

IV

＊二〇一六年十月九日、著者が脳梗塞で倒れたため、
二〇一六年十二月号から二〇一七年三月号まで休載となった。

とんでもない五か月だったな

これは四月号になるのだろうか。ということは、最後に書いたのが去年〔二〇一六年〕の十一月号だったので、これは五か月ぶりの「ハウリングの音が聴こえる」ということになる。つまり、四か月休んでいたわけだ。こういう小説誌で、連載エッセイなんかおまけのようなもので、あってもなくても誰も気づかないようなものだけど、なんとか復帰した。

十月九日に脳梗塞になって（ジョン・レノンの誕生日だ）、半月ほど入院していた。前日の夜にひとりでお酒を飲んでいて、なんだか変だなとは思っていたのだけど、酔っぱらっているのだろうと、そのまま寝てしまった。

翌朝、起きると、どうも身体がちゃんと動かない。それでも、卵を焼いてトーストを作ってコーヒーを淹《い》れて、朝食を並べた。ところが、口が半分しか開かない。鏡を見ると、どうも顔の右半分が表情がない。

これは救急車を頼んだほうがいいかなと思って、念のために長女に電話した。すると、ちゃんと喋ることが出来ない。「お父さん、何言ってるか分かんないよ。こっちから、一一九番しとくよ」と言う。それで観念して、服を着替えて部屋を片づけた。

救急車が来たので、家の鍵をしめて合図をした。そして、救急車のベッドに寝かせられたら、急に病人のような気分になった。「名前は言えますか？　今日は何月何日ですか？」と訊かれて、答える自分の声が自分の声のような気がしない。ラリパッパである。

病院に着いて、寝たままで移動する。おかしな気分だ。天井しか見えない。これと同じ風景を見たことがあったな。そうだ、僕が小学生の頃の人気テレビ・ドラマ『ベン・ケーシー』のオープニング・シーンだ。六〇年代だよな。

どこかの部屋に入って、点滴を打たれてひとりになった。まだ起きたばかりだから、眠くない。じっとしているしかない。何時間、経ったのだろうか。娘や孫の声が、聞こえた。そっちを見ようとしても、身体は動かない。

また、何時間かが経って、子供や孫たちが部屋に入って来た。僕は喋っているのだけど、どうもあまりうまく伝わっていないようだ。あとはまかせるしかない。僕は入院経験はないのだけど、彼女達は何度もある。

てきぱきと、進めていく。必要なものを買いに行ったり、家に取りに行ったりする。気がつくと、そこはナース・ステーションの前の小部屋だった。部屋が決まって、落ちつく。それで、入院生活が始まった。これから先のことなんか、まったく考えられなかった。

毎日、点滴をして、薬を飲んで、リハビリをして、何度かレントゲンをとった。息子に口述筆記をしてもらって、原稿用紙一枚ぐらい書いた。「ロッキング・オン」は一九七二年八月から書いているのだから、これだけは抜かすわけにはいかない。しかし、原稿を書ける気はしない。

テレビとパソコンみたいなものが部屋にあって、それを見ているしかない。当たり前のことだけど、人が病気になっているというのに、テレビのワイド・ショーの司会者は嬉しそうに笑って「こんにちは」と言う。腹がたつけど、しょうがない。僕は病人なんだ。

僕の場合、脳梗塞が左で、そうすると右の具合が悪くなるという。食事もまともに食べることが出来なくて、ぼろぼろとこぼしてしまう。僕は原稿を書くことしか、出来ない。しかし、右手で書いたものは、とても字とは思えないものだった。

病院の売店に「小説すばる」の十一月号があって、それを見たら絶望的になった。僕のこの頁は原稿用紙で八枚なのだけど、もうとても書けそうになかった。口述筆記でさえも、一枚だけなのだ。たしか野坂昭如さんも脳梗塞だったはずで、だけど病気をしてからもずいぶんと闘病記を書いていたような気がする。あんなに口述筆記で書けるものなのだろうか。いや、ちゃんと書いていたのかも知れない。

それから、リハビリに熱心になった。ともかく、字が書けるようにならなければならない。今でも、毎日十五分はやっている。おかげで、なんとか字らしきものは、書けるようになった。

見舞いに来てくれた友人達は、みんな「大丈夫じゃないか。もっとひどいことになっていると思って覚悟していたけど、ちゃんと喋れてるじゃないか」と言ってくれた。病人に気を遣っているのだろうと思っていたけれど、みんながそう言うので大丈夫なのかも知れないと思えてきた。

十月二十五日に退院ということになった。しかし、その後もリハビリに励んでいる。家にいても、毎日十五分以上はやっている。病院にも、行っている。週に二回が、週に一回になった。半月に一回が、月に一回になった。

原稿を書くのも、今迄の用紙では枡目が小さ過ぎて書けない。あっちこっちの文具店へ探しに行ったのだけど、今は原稿用紙なんか使われないのだろう、ほとんど置いてない。知り合いの編集者にそう言ったら、拡大コピーしたものを百枚ぐらい送ってくれた。その手があったのだ。

入院していて思ったのは、ここは老人ばかりだということだ。大変だなと思って、気がついた。僕も老人なんだ。六十五歳というのは、立派な老人なんだ。朝まで酒を飲んだり、他人の喧嘩に口をはさんだりしちゃいけないんだ。もっと、静かに生きなきゃいけないんだ。

それだけではない。僕は壊れているんだ。信号が黄色になったら、走ったりなんかしないで待たなきゃいけないんだ。ホームに電車がいても、走ったりなんかしちゃいけないんだ。

町を歩いていても、人はただおじいさんが歩いているとしか思わないだろう。本当は、そうじゃない。僕は壊れたおじいさんなんだ。喋るとそれが分かるから、僕は黙って歩いて行く。

さっきも書いたように、僕はジョン・レノンの誕生日の十月九日に倒れた。そして、彼の命日の十二月八日を過ぎれば、なんとかやっていけると思っていた。幸いそうなって、十二月九日に友達が退院祝いの会を開いてくれた。そういうのが一月にもあって、二月にもあった。

ジョン・レノンは一九四〇年に生まれて、一九八〇年に暗殺された。僕は一九五一年生まれだから、一九九一年にジョンと同い歳になった。現在六十五歳からすれば、四十歳は子供のようなものである。だけど、違うんだ。

ジョンはいつだって、十一歳上の憧れの存在なんだ。病室にパソコンのようなものがあって、それを見ていたということは書いたと思う。それに映画『ビートルズがやって来る　ヤア！ヤア！ヤア！』があって、僕は二回見た。その中のジョンは、二十三歳である。

六十五歳のおじいさんが、二十三歳の若者をかっこいいと憧れているんだ。これはいくつになっても変わらない。僕が中学生のときも、かっこ良かった。二十歳になっても、三十歳になっても、四十歳になっても、五十歳になっても……。

映画『ビートルズがやって来る～』のサウンドトラック・レコード（CD）は、とんでもないものである。全十三曲の内、ジョンの作品がなんと九曲もあるのだ。ポールの作曲が三曲、ジョンとポールの共作が一曲である。普通、ジョンとポールの曲は、同じぐらいになっている。

しかし、この頃のジョンは、才能があふれていたのだろう。ジョージの歌う「すてきなダンス」まで作ってあげている。なかでも、タイトル・ソングの「ア・ハード・デイズ・ナイト」はかっこいいったらない。四月〔二〇一七年〕に行なわれるポールのコンサートのオープニングは、「ア・ハード・デイズ・ナイト」だという。

〈二〇一七年四月号〉

疑惑の一番

入院したのは去年〔二〇一六年〕の十月だったから、もうそろそろ半年経つということになる。この半年の間に電車に乗って外出したのは、四回だけである。一回は御茶ノ水で、次の本のカヴァーの相談に行った。一回は渋谷で、これは初期の「ロッキング・オン」の同窓会のようなもので、今や東京に住んでいない者もいるどころか、パリに居をかまえている奴もいるわけで、そいつの帰国に合わせて、数年に一度やっている。一回は快気祝いのようなもので、川崎の行きつけの居酒屋に行った。そして、四回目が三月のお彼岸で、明大前に墓参りに行った。

もはや治ったと言ってもいいのだけど、病気前とは違っているのは自分が一番よく分かっている。電話で話していても、言葉が出てこないので、しょうがなくて、言いたいことも言えずにやめてしまう。普通に生活していても、こんな体勢だと転んでしまうと分かっていても、動くことが出来ずに、見事に倒れる。そういうときは笑うしかない。

ものを食べるのは、なんとかなっているだろう（と、本人は思っている）。退院して二か月目あたりでは、口の右半分がうまく開かないので食べるのに苦労した。子供のようにぼろぼろこぼしてしまい、食事の後は必ず掃除をすることになった。外でひとりで食事をするときは、下を向いて食べている。

ともかく、喋ったり食べたりしなければ、人には分からない。陰気な老人だと思われていれば、それでいい。それでも、外出する気にはなれない。週に一回か二回だろう、外出するのは。それは食料品を買いに行くのがメインで、けっこう難しい。前にも書いたように、僕の住んでいるところは丘の上なのだ。帰りは息が切れて、立ち往生してしまう。五年前に引っ越してきたときには、こんなことになるとは思ってもいなかった。

結局、少し歩くとバス停があって、そこから隣町に行くことが多くなった。そこにはスーパーマーケットもデパートも銀行も郵便局も図書館も区役所もあって、僕の住んでいる所と比べたら大都会である。そこに週に一回行けば、だいたいの用事は片づく。便利だ。僕が入院していた病院もここにあるのだけど、これ以上良くはならないような気がする。しょうがない。

たとえば、両国で相撲があるときは、僕は必ず一日は行っていた。しかし、一月はそういう状態だったので、行くことは出来なかった。すると、我等の稀勢の里が、優勝した。横綱になった。それは嬉しい。祝福してあげたい。

しかし……しかしだね。今迄、何年間、国技館へ行って、応援したと思ってるんだい。何も、僕が病気になって、国技館へ行けないときに、優勝しなくてもいいじゃないか。まあ、おめでたいことではあるけれど、文句のひとつも言いたくなるじゃないか。

そして、三月場所である。毎日、少なくても五時から六時までは、テレビを見ていた。順調に勝ち星を重ねて、これは全勝優勝するんじゃないかと期待した。ところが、十三日目の日馬富士戦で、なんと怪我をしてしまった（あれは、肩なのだろうか）。そして、十四日目の鶴竜には、あっさり負けてしまった。しょうがない。

そういうわけで、千秋楽の稀勢の里には、怪我が悪化しないようにとだけ願って、テレビを見ていた。すると、なんと照ノ富士に勝ってしまった。鶴竜が前回優勝したときと同じ変化だったけれど、今回だけは大目に見よう。続いて、照ノ富士との優勝決定戦である。

さすがに二番続けて勝つのは無理だろうと思っていたら、これが勝っちゃった。僕は万歳三唱したね。国歌斉唱のとき稀勢の里は涙ぐんで、病気以後すぐに泣くようになった僕も涙が出そうになった。めでたしめでたし、これですべては良し。

しかし、良かったのは、ここまでである。翌日のテレビのワイド・ショーはどこも稀勢の里の優勝で大騒ぎで、何回も本割と優勝決定戦の一番のビデオを流していた。それを見て、僕はこれはおかしいぞと思った。同じように思った人も、いるはずだ。

しかし、誰も何も言わない。本割が終わったところで、審判が物言いをつけてもいいはずだ。NHKの相撲司会者が言っても、いいはずだ。ワイド・ショーの司会者が言ってもいいはずだ。何故、誰も何も言わないのだろう。僕は稀勢の里のファンではあるけれど、間違っていることは間違っていると言いたい。

本割で稀勢の里は、照ノ富士の髷をつかんでいる。僕には、そうとしか見えない。髷をつかんだら、反則負けである。となると、稀勢の里は十二勝三敗で、照ノ富士は十四勝一敗で、照ノ富士の優勝である。そういえば、あの一番が終わった後、照ノ富士はしばらく土俵の中に立っていた。誰か何か言ってよと、思っていたのだろう。

ひょっとしたら、髷をつかんでいないのかも知れない。それぐらいに、微妙なのかも知れない。今までそれで反則負けになった力士も、みんな一瞬のことで分からなかったと言うことが多い。稀勢の里も優勝して泣いたぐらいだから、分からなかったのかも知れない。

だけど、これは有耶無耶《うやむや》にしてはいけない問題だ。だって、ビデオをよく見れば、分かるはずじゃないか。これじゃあ、稀勢の里もすっきりしないじゃないか。稀勢の里ファンの僕が言ってるんだ。

おそらく、千秋楽の夜、照ノ富士は自棄《やけ》酒をあおっただろう。日本人は狡いと言われないためにも、もう一度ビデオをチェックすべきだろう。


六〇年代のロックは、怪しいものが少なくない。つまり、盗作である。古い曲にちょっと手を加えて、オリジナルだと言い張ったりする。あまり言いたくはないけれど、ビートルズにだってある。「ロング・トール・サリー」と「アイム・ダウン」、リトル・リチャードとビートルズ。リトル・リチャードは盗作されたと分かっていても、ビートルズの「ロング・トール・サリー」で莫大な印税が入ってきたからあまり大っぴらには言わなかったようだ。

だいたい、トラディショナル・フォークの場合、新しい歌詞をつければ、その人のオリジナルになるという、慣習があったようだ。あのノーベル賞受賞のボブ・ディランにも、何曲かある。

ジェフ・ベック・グループの場合、かなりあからさまである。メンバーにソングライターがいなくて、だけど新しいことをやろうというときには苦し紛れにやってしまうのかも知れない。ファースト・アルバムの『トゥルース』は、その宝庫である。今では誰もが知っている偉大なギタリストではあるけれど、初めの頃はそういうこともやっていたのである（そういうところが、面白い）。

メンバーはジェフ・ベック（ギター）、ロッド・スチュワート（ヴォーカル）、ロン・ウッド（ベース）、ミック・ウォーラー（ドラムス）という、今では夢のような名前が連なっている。そして、この中にジェフリー・ロッド作の曲が三曲ある。いうまでもなく、ジェフ・ベックとロッド・スチュワートである。そして、どれもブルースの名曲として知られていた曲である。

二枚目の『ベック・オラ』には、そういう曲はない。エルヴィス・プレスリーの曲が二曲に、オリジナルが五曲。一九六九年にプレスリーの曲をカヴァーしようというのは、日本人には分からないのだけど彼等には当たり前のようだ。そして、この「ジェイルハウス・ロック」〔監獄ロック〕がいいのだ。

ロッド・スチュワートのヴォーカルは音が外れる直前だし、ジェフ・ベックのギターはいっちゃってる。髷をつかむなどということがあったら、これを大音量で聴こう。

〈二〇一七年五月号〉

そして僕等の人生は

ＤＶＤコレクション、あるいはＤＶＤマガジンというのだろうか。テレビ・ドラマや映画の、ＤＶＤのシリーズである。一巻が二千円程度で、一番初めはその半分ぐらいで売られている。だいたい、二週間毎に発売される。

よく分からないけれど、これは書店で販売されている。デアゴスティーニというコマーシャルをテレビで見て、これは買わなければならないと思い第一回は安いから買う。しかし、買っただけで満足してしまい、すぐには見ない。そのうち暇になったときに、思い出して見る。

そうだ、このシリーズを揃えるつもりだったのだと、思い出す。それで、書店に行っても、華々しくテレビでコマーシャルをやっていたのはもう何か月も前のことで、店頭にはない。わざわざ、取り寄せるほどのことでもない。そのうち、大きな書店に行ったときに、見てみよう(これは、本と同じだ)。

その結果、第一巻だけしかないＤＶＤコレクションが、溜まってくる。僕のところには、それが『渥美清の泣いてたまるか』、『ゴジラ』、『必殺仕事人』と三枚ある。それを今回チェックしてみたら、『必殺仕事人』は三話収録なのにまだ第一話しか見ていないことに気がついた。

馬鹿である。みんな、こういうＤＶＤコレクションを、ちゃんと二週間毎に書店に行って買っているのだろうか。たぶん、文学全集などと同じように、最終巻は第一巻の数分の一の発行部数になっているのではないだろうか。

一番いいのは三か月ぐらい経ったら、またテレビでコマーシャルをやることだろう。それでまた千円ぐらいになったら嬉しいけれど、そんなことはしないだろうな。

『北の国から』が最初にテレビでやっていたときは、見ていなかった。再放送されたときに偶然見て、毎回見るようになった。たしか夕方の五時から六時までで、それを見てから酒を飲みに出かけた。ということは、あれは祐天寺に住んでいた頃だったんだな。

今でも覚えているのは、書き下ろしのエッセイがどうしても進まなかったのがその頃だったということだ。気分を変えるために、一週間伊豆高原に行った。そんなことが簡単に出来たのだから、やはり独身時代のことだ。毎日、朝から夕方まで仕事をして、五時になったら終了して、『北の国から』を見た。

ちなみに、その一週間で原稿は完成して、東京の編集者に電話したのを覚えている。東京に帰って原稿を渡してこれで終わりだと思っていたら、編集者が相談があるから会おうという。なんだろうと思って会いに行ったら、これを小説に書き直さないかという。完成したのは、それから二年後のことだった。

そんなことは、どうでもいい。しかし、『北の国から』は、初めて見た頃のことを、思い出させますね。

この講談社のＤＶＤマガジンによると、『北の国から』は一九八一年十月九日から放送されている。そして、最終回の「二〇〇二　遺言」は、二〇〇二年九月七日である。二十年以上にもなるシリーズだったのだ。これじゃあ、純や螢が親戚の子供のような気分になっても、おかしくはない。吉岡秀隆や中嶋朋子は東京の町を歩いていると、よく通りすがりのおばさんに「あれ、東京に帰って来たの？」と言われたそうだ。評判を聞いて韓国でも放送しようとしたのだけど、題名が問題になって中止になったという。

この番組が変わっていたのは、なんといっても脚本の倉本聰が一番前に出ていたことだろう。こんなことは、今までになかったことだ。台詞は一字一句変えてはいけないという噂も、聞いたことがあった。おっかないのかな、この人は。

それにしても、今見ると、三十年前に見たときと、印象がまるで違う。完全に、黒板五郎サイドに立つ年齢になったからだろう。いや、追い抜いているか。田中邦衛は今〔二〇一七年〕病気だそうで、ここでもまったく当時のことを発言していないのが淋しい。そうだ、思い出した。青大将の頃の彼は、親戚だという僕の中学の同級生の家に居候していて（佐藤君の家だ）、朝の登校時にタクシーに乗るのを、何回か見たことがあったたな。

そういえば、『白線流し』というドラマもあったな（今月は、やたらと思い出すな）。これも、毎週欠かさず、見ていた。松本に仕事で行ったとき、担当してくれた人に頼んで、ロケ地を見てまわったのを、思い出す。しかし、これは通常の一時間ドラマのときは面白かったけれど、スペシャルで二時間になったら訳が分からなくなった。そのまま訳が分からないうちに、終わっちゃったな。

とりあえず、『北の国から』は三号まであって、四号がもう出ているはずだから、これを書き終わったら買いに行こう。ついでに、ひとつ文句を言うと、『必殺仕事人』は一枚に三話収録なのに、『北の国から』は二話しか入ってないのだ。通常の一時間ドラマは二十四回だから、十二枚買うことになる。三話収録だったら、八枚なんだけどな。


テレビを見ていて、コマーシャルでジャニス・ジョプリンの曲が流れると、一瞬、びっくりしてしまう。なんだか、最近そういうことが多いような気がする。コマーシャルの制作者は、いったいどういうつもりでジャニスの曲を使っているのだろう。一九七〇年に亡くなっているのだ、彼女は。

ジャニスはメジャー・デビューしてから、二枚のアルバムしか遺していない。『チープ・スリル』（一九六八年）は、ビッグ・ブラザー・アンド・ザ・ホールディング・カンパニー名義で、ジャニスはこのバンドのヴォーカリストだったわけで（純か、お前は）、このバンドはジャニスのヴォーカルに不釣り合いなほどにB級だった。『コズミック・ブルースを歌う』（一九六九年）が、初めてのソロ・アルバムだった。本来なら、これで終わりである。

しかし、この後に『パール』（一九七一年）が発売された。このレコーディング中に、彼女は亡くなってしまった。そのため、バックの演奏しか録音されていない「生きながらブルースに葬られ」があったり（これは、悪趣味だ）、逆に彼女のヴォーカルしかない「ベンツが欲しい」が収録されている。なんとなくあざとい感じがして、これはジャニスのレコードとは思わないことにしていた。

ところが、最近は他の八曲はちゃんとしているのだから、これも彼女の運命だと思うようになってレコードを聴いている。運命といえば、六〇年代終わりから七〇年代初めには、たくさんのミュージシャンが亡くなっていて、共通点は二十七歳だった。ブライアン・ジョーンズ(ローリング・ストーンズ)、ジム・モリソン(ドアーズ)、ジミ・ヘンドリックス、そしてジャニス・ジョプリン。全員イニシャルにJがついているから、次は自分なんじゃないかとミック・ジャガーが怯えていたという噂もあった。

ジャニスが脚光を浴びたのは、一九六七年のモンタレー・ポップ・フェスティヴァルからだった。それで、バンドで一枚、ソロで一枚、レコードを作って、亡くなってしまったのだ。やはり、『パール』も入れて、ソロで二枚ということにしてあげたい。「ジャニスの祈り」を聴いていると、そんな気になってくる。結局、彼女が華やかだったのは、人生の中で輝いていたのはたった一九六七年から一九七〇年までだったのだ。三年間というのは、どう考えたらいいんだろうか。

『北の国から』は、二十年以上もあった。北村清吉(大滝秀治)や中畑和夫(地井武男)が亡くなったのは、しょうがないかも知れない。しかし、このＤＶＤの中では、生きている。生き続けている。

〈二〇一七年六月号〉

時代は茨城か？

大相撲五月場所は白鵬の全勝優勝で、幕を閉じた。一年ぶりではあるけれど、三十八回目の優勝は正に前人未到であって、まだまだ白鵬が第一人者だということを、深く実感させた。

しかし、期待の新横綱、稀勢の里は、十一日目から休場ということになってしまった。ここが大事なところだから、七月場所も休むぐらいの覚悟で、しっかりと怪我を治して、万全の状態で戻ってきてもらいたい。

終わってからの一番の話題は、関脇髙安の大関昇進で、関脇三場所で三十四勝したのだから、これはもう文句はない。やはり、兄弟子稀勢の里の横綱昇進に、刺激を受けたのだろう。

田子ノ浦部屋というとても大きいとは言えない部屋から、続けて横綱と大関が出たのである。素直に、賞賛したい。そのおかげで、久しぶりに相撲ブームがやって来た。それも遠藤が登場して来たときのようなものではなくて、若貴を思い出すようなフィーヴァーぶりである。

相撲ファンとしては、めでたいと言うしかない。しかし、困ったことになった。チケットが買えないのである。発売日に、全日全席が売り切れたのである。これには、驚いた。今までは発売日の二～三日あとであっても、余裕で買えたのに。

ブームとなると、こういうことにもなる。一般の相撲ファンだけではなくて、旅行社なども闇雲に買ってしまうのだろう。そういうわけで、五月場所は僕はずっとテレビで見ていた。すると、あとは大関横綱戦だけという午後五時過ぎになっても、けっこう空席がめだっていた。

チケットを手に入れ、座席を確保しても、両国国技館に行っていない人が、何十人もいるということになる。相撲協会はチケットが売れればそれでいいのだから、満員御礼になる。だけど……。これって……。

去年〔二〇一六年〕の十月に僕は病気になったから、一月場所は行ってない。一月の時点では、まだ電車には乗れなかった。だから、五月場所を楽しみにしていたのだ。しかし、チケットは買えなかった。

思えば、横綱が朝青龍で人気がなかったときも、僕は毎回国技館に行っていた。ドラッグ問題や八百長問題で世間の目が冷たかったときも、僕は行っていた。ところが、ようやく稀勢の里が横綱になったというのに、晴れの土俵入りを見ることが出来ないのである。こりゃまたどういうわけだ……。

さっきも書いたように、これは一般の相撲ファンだけではなくて、なんらかの営利団体が動かなければ、発売日当日に売り切れるということはない。それで思い出したのが、二〇一五年のポール・マッカートニーの来日のときのことだ。

今年の四月にもポールは来日していて、そのときも同じようなことがあったのかは知らない。ポールのコンサート会場といったら、当然東京ドームなのだけど、前回と今回は日本武道館でも、一日だけあった。

二〇一五年には、その日限定のツアー・Tシャツが売り出された。ところが、列の前のほうにいた男が、それをひとりで数百枚も買い占めてしまったのだ。その直後にネットにそれが出品されたから、明らかに転売目的である。列に並んでいた人達が怒って、一触即発の騒ぎになった。

あわてた売店が後日同じものを作るということで予約を取ったから、とりあえずそこはおさまった。ひょっとしたら、今回の相撲のチケットも、そういうことではないだろうかという気がする。

下種《げす》の勘繰りかな。しかし、がっかりしたな。九月場所も、同じようなことになるのだろうか。ちょっと、考えなきゃいけないな。だけど、どうすりゃいいんだろう。ううん、唸るね。

稀勢の里と髙安は、茨城県出身である。実は、ミュージシャンにも茨城出身が多くて、僕は三人知っている。鮟鱇《あんこう》食べるなら言ってよと、冬になるとよく誘われる。しかし、茨城出身のミュージシャンといったら、やはり寺内タケシである。

寺内タケシは一九三八年、茨城県土浦に生まれた。ということは、髙安と同郷である。実家は裕福な電機店で、子供の頃からギターに夢中になる。そして、関東学院大学（父親が理事長だったらしい）の学生だったときに、ロカビリー・バンドのクレイジー・ウエストに加入する。

面白いことに、そこでベースを弾いていたのがいかりや長介だったという。ふたりは仲が良くて、のちにジミー時田とマウンテン・プレイボーイズに移籍するときもいっしょだったそうだ。

一九六二年、寺内はブルー・ジーンズを結成し、いかりやはドリフターズの方角に向かう。当時の古い「ミュージック・ライフ」を読んだことがあって、そこにはいかりやの好物が〝ざるそばの大盛り〟とあって笑ったことがあったな。

ブルー・ジーンズは、寺内タケシも含めてギターが三人、ベース、ドラムス、キーボードの、六人編成だった。当時のバンドには歌手が所属するのが普通で、五人いた。そのリーダー格が、内田裕也だった。合計十一人がステージを動きまわるのは、圧巻だった。

ブルー・ジーンズの運命が大きく変わるのは、一九六四年にアストロノウツの「太陽の彼方に」がヒットしたことからである。これで、日本でもエレキ・バンドのブームが始まった。おなじみベンチャーズも、ヒット曲を連発する。寺内タケシとブルー・ジーンズは、ベンチャーズに勝るとも劣らない唯一のバンドだった。

しかし、なんとここでエレキ・ギター反対運動が起きるのである。当時は何故かＰＴＡの力が異様に強くて、その代表がテレビで主張した意見は今でも覚えている。

「エレキは子供を不良にする」

えっ、どういうことですか？　意味が分かんないんですけど。

エレキ・バンドのコンサートには入口のところにＰＴＡや教師が見張っていて、入場しようとする子供達を阻止した。今では信じられないだろうけれど、一九六五年には実際に行なわれていたのだ。

明らかな、営業妨害である。寺内はＰＴＡや教師のところに行って、抗議した。しかし、「エレキは子供を不良にする」などと、平賀源内でも怒りそうなことを、平気で発言する奴等には通じなかった。

話にならない連中を相手に、寺内は「あなた達は、いつもどういう音楽を聴いているのか？」と訊ねた。「民謡」という答を聞いたとき、寺内はそれでは民謡のレコードを作ろうと決心した。

それが、『レッツ・ゴー・エレキ節』（一九六五年十二月）である。民謡をエレキ・バンド用にアレンジした、名作である。これが、ヒットした。シングル・カットした「津軽じょんがら節」もスーパー・ヒットになって、僕達の世代なら知らない人はいないはずである。

『レッツ・ゴー・エレキ節』には、寺内のギター・テクニックがすべて収められている。唖然とするような早弾きから、うっとりするような子守歌の音色まで。アレンジも、イントロからアウトロまで作られている。パーフェクトな、エレキ・バンドのレコードだった。

一九六六年三月、寺内はブルー・ジーンズを脱退する。同年九月、寺内タケシとバニーズを結成する。そして、『正調寺内節』（一九六七年三月）は『レッツ・ゴー・エレキ節』の続篇のようなレコードで、『レッツ・ゴー・運命』（一九六七年九月）ではクラシックを取り上げた。以後「津軽じょんがら節」と「運命」が、寺内の代表作となった〔二〇二一年六月逝去〕。


〈二〇一七年七月号〉

名人は死なず

かつて、僕はよく「僕はプロレス、落語、ロックの順に、詳しい」と言っていた。ロックの原稿を書くのがメインの仕事だから、これはまあちょっとおかしい。しかし、間違ってはいない。それだけ、夢中になっていたのである。

プロレスと落語の専門誌は、毎月欠かさず読んでいた（ロックの専門誌は、自分で作っていた）。月に一度は、会場に行って見ていた（ロックの場合は、週に一度だな）。今回はプロレスのことは外して、落語のことにしよう。とっ散らかっちゃうから。

落語は名人上手といわれる人を、ずいぶん見た。実際に、昭和の四十年代五十年代というのは、黄金時代だったのだ。僕が初めて落語を聞いたのは昭和三十年代で、小学生のときにラジオでだった。古今亭志ん生の『火焔太鼓』を聞いて、正に腹が痛くなるほど笑った。

当時は、テレビでも寄席番組が多かった。今では、月に一度、ＴＢＳで深夜にしかやっていない。あとは、ｔｖｋで日曜の昼間にやっている。いうまでもなく、『笑点』は違う（三遊亭小遊三や春風亭昇太は好きだけど）。

寄席や名人会に行くようになったのは、二十代半ばからだろう。今、寄席は新宿末広亭、上野鈴本、浅草演芸ホールと、三軒ある〔執筆当時は、池袋演芸場も含めて四軒〕。名人会は、たくさんあった。僕は仕事が渋谷が多かったから、東横落語会によく行っていた。

桂文楽や古今亭志ん生に間に合わなかったのは、口惜しい。ふたりとも、テレビで見ただけだ。ビデオの時代になっても、文楽はともかく志ん生は二席や三席しか残っていない。さっきも書いたように、僕は志ん生で落語に目覚めたのだ。

それでも、それ以後の大看板は、ほとんど見ている。三遊亭圓生、林家正蔵（先代）、柳家小さん（先代）、金原亭馬生（先代）、林家三平（先代）。こうして〝先代〟と書いていると、なんとなく空しくなってくる。当代もいるのだけど、どうしても先代の落語が頭に浮かんでしまう。

三笑亭夢楽、古今亭志ん朝、立川談志、三遊亭圓楽〔五代目〕、橘家圓蔵、柳家小三治、春風亭小朝……。この中でも存命なのは、小三治〔二〇二一年死去〕と小朝だけである。

寄席に行かなくなってテレビで見て好きになったのは、三遊亭小遊三、立川志の輔、柳家権太楼、瀧川鯉昇、春風亭昇太というところだ。いや、志の輔は見たな。ということは、落語会に行っているのか。立川流は寄席には出ていないから。

ともかく、ずいぶんと見て聞いた。その結果、一般的には地味で渋過ぎると言われていた正蔵や馬生が、端正で高座が美しいということが分かった。また、落語通が敬遠していた三平が、凄みさえあるということが分かった。分からないものである。

しかし、なんといっても、僕達の時代は志ん朝と談志だった。このふたりは、これ以上はないというライヴァルだった。どちらかというと、談志のほうがより意識していたと思われる。というよりも、志ん朝しか意識出来なかったのだろう。

談志は常にキャッチ・フレーズを考えていた。「伝統を現代に」。現代人の考えで、江戸の噺《はなし》を解釈しようということなのだろう。「イリュージョン」、「江戸の風」などという言葉も使っていた。

それに対して、志ん朝は声高には叫ばない。志ん生の息子で馬生の弟という立場では、そんな必要はないのだろう。若き日の志ん朝はジャズのラジオ番組でDJをやり、スポーツカーに乗っていたという。それで、普通に落語をやっていたのだ。

志ん朝の後を継ぐのは小朝と言われていたけれど、今はどうなのだろうか。談志の後を継ぐのは普通なら志の輔なのだけど、これも分からない。もはや、後を継ぐという行為が古いのかも知れない。小朝は小朝で、志の輔は志の輔なのかも知れない。

今、また落語がブームだという。落語会のチケットは、すぐに売り切れるそうだ。それなのに、どうしてテレビでそういう番組をやらないのだろうか。夜の十時か十一時ぐらいに、一時間番組でいいだろう。

じっくり聞くために、出演者はふたりでいいだろう。三十分弱の噺を、二席である。それに、たまには亡くなった大看板の高座もやってほしい。志ん朝と談志とかさ。

チャック・ベリーが、三月十八日〔二〇一七年〕に亡くなった。九十歳だったという。ロックンロールの名人だった。亡くなる前にレコーディングしていた『チャック～ロックンロールよ、永遠に』が発売されて、「ビッグ・ボーイズ」がシングル候補だそうだ。

ロックンロールは、一九五四年に始まったと言われている。その根拠は、はっきりしていない。ただし、エルヴィス・プレスリーが、この年にデビューしている。それで、いいだろう。

チャック・ベリーは、一九五五年にレコード・デビューしている。少なくとも、最初のロックンロール・スターの一群には入るだろう。デビュー曲は、「メイベリーン」だった。以後のヒット曲は、果てしない。

「スウィート・リトル・シックスティーン」、「ロックンロール・ミュージック」、「ジョニー・B・グッド」、「キャロル」、「リーリン・アンド・ロッキン」、「ロール・オーヴァー・ベートーヴェン」……。

チャック・ベリーは、難しい人だったという。ヒット曲を連発するスターなのに、やはり黒人ということで差別されたらしい。一九五〇年代である。出演料がちゃんと払われなかったり、印税さえもごまかされていたらしい。

気難しくなっても、しょうがない。コンサートには、ひとりで車で行った。バック・バンドは、主催者が用意する。ニュー・ジャージーのステージでは、若き日のブルース・スプリングスティーンが務めたという。

演奏が終わったらギャラを貰って、すぐに立ち去ったようだ。その場にとどまっていたら、黒人のくせに生意気なと思っている奴等に襲われることになる。

デビューして約十年の一九六四年ぐらいには、人気もずいぶん落ちてきた。ところが、それが一変した。アメリカで人気が上がったビートルズやローリング・ストーンズやアニマルズなどが、尊敬するミュージシャンとしてチャック・ベリーの名を最初に挙げたのである。それで、カムバックした。

一九八七年にリリースされた『ヘイル！ ヘイル！ ロックンロール』は、同名の映画のサウンドトラック盤だった。チャック・ベリーの六十歳の誕生日を記念して行なわれたコンサートの模様だった。

バンド・リーダーはキース・リチャーズで、プロデューサーもやっていた。つまり、すべて彼がやってくれたのである。しかし、映画を見ると、唖然とする。なんなんだ、こいつはと思ってしまう。

リハーサル・スタジオに現れたチャック・ベリーは、撮影クルーを見ると、リハーサルも撮るなら、先にそのギャラをくれと言う。キース・リチャーズが撮影しているんだぞと言っても、かまわずに金の話を続ける。

リハーサルが始まると、キースのギターの弾き方が違うと、執拗に言いつのる。キースはおとなしく、それにしたがう。そして、ひとりになってから言う。「ミック・ジャガーなら殴れるけど、チャック・ベリーは殴れないもんな」と。

チャック・ベリーは、一九八一年四月に来日している。そのときのピアノは、僕もいっしょにやったことのある人だった。どうだった？ と訊いても、口数は少なかった。きっと大変だったのだろうな。
合掌。

〈二〇一七年八月号〉

音楽ディレクターという仕事

七月二十二日〔二〇一七年〕、ヤクルトが阪神に六対二で勝った。それまで悪夢のような十四連敗で、二十八勝五十六敗という、ダブルスコアのぶっちぎりの最下位だったのだから、ファンはとりあえず一安心した。

しかし、五位の中日には、九・五ゲームの差をつけられている。一位の広島とは、二十五・五ゲームの差をつけられている。これはなんとかしなければならない……とはヤクルト・ファンは思わない。まあまあ、今シーズンはいいことにしようと考える。なんたって、二〇一五年は優勝して、あんなにファンを喜ばせてくれたじゃないか。他のチームのファンも、喜ばせてあげようよ。そう思えば、最下位なんてどうってことないよ。また、来年があるじゃないか。

今年は、選手の負傷欠場が多い。二年前の優勝のとき活躍していた選手が、今年は山田とバレンティンぐらいしかいない。首位打者だった川端も、打点王だった畠山も休んでいる。セーブ王だったバーネットはいないし、小川ももうひとつ調子が出ない。

と書いているうちに、七月二十五日、対中日戦、九対八で勝利。七月二十六日、対中日戦、十一対十で勝利（このゲームは六回まで十対〇で負けていたのだから、痛快痛快）。七月二十七日、対中日戦、十一対二で快勝。七月二十八日は広島に負けたけれど、二十九日は九対一で勝つ。

こういうことなら、シーズンが終わるまでには五位になれるかも知れない。ともかくこれ以上負傷者を出さないで、今シーズンを乗り切ってもらいたい。もう、来年だよ。二〇一八年だよ。

さて、相撲はというと、これはもうどうしようもない。稀勢の里は負傷休場である。大記録を作った白鵬は、その一番に変化したのだから啞然とする。高安は十三日目白鵬十四日目日馬富士と二日続けて横綱に変化されて負けて、これじゃあ相撲になりっこない。

なんか、大相撲を見ているような気がしない。相撲仲間は五月場所のチケットが買えなかったから、九月場所はなんとしてでも手に入れると言っているけれど、どうせ稀勢の里は休場だろうから、行かなくてもいいかなという気になっている。

今月は石坂敬一さんの自伝を取り上げたいと言ったら、この頁の担当者は知らなくて、そうか僕達のような音楽関係の人間には有名でも、そうではない人は知らないのかということに初めて気がついた。

石坂さんは一九四五年生まれで、僕が知り合った頃は東芝の洋楽ディレクターでビートルズを担当していた。『ロックンロール・ミュージック』や『ラヴ・ソングス』は、石坂さんの企画で世界中で発売された。

その後、ポリグラムの社長になって、それがユニバーサル・ミュージックに社名変更になって、会長になった。退任後、ワーナー・ミュージック・ジャパンの会長になった。だから、我々のように音楽の世界で働いてきた人間には、とてつもなく有名な人物なのである。

その石坂さんが、二〇一六年十二月三十一日に亡くなった。虚血性心不全だという。七十一歳だった。去年の十二月といえば、僕は病気になってから二か月ぐらいで、まだ電車に乗ることも出来なかったわけで、自宅で御冥福を祈るしかなかった。

そして、『我がロック革命　それはビートルズから始まった』という自伝が発売された。予想はつくだろうけれど、これは自伝といっても、生前に行なわれた聞き書きで、書いたのは竹部吉晃と藤本国彦である。

藤本はビートルズ仲間の友人で、数週間前いっしょに酒を飲んだときに僕はこう言った。

「石坂さんの自伝って、僕も考えてたんだぜ、ポリグラムの社長だった頃だから、今から二十年ぐらい前かな。二〜三回会って話をしたんだけど、いつのまにか有耶無耶になっちゃったな。まだ五十代だったから、あんまり自伝っていう感じじゃなかったのかも知れないな」

そういえば、今、思い出したのだけど、一九八〇年あたりに、石坂さんがディレクターで、僕はデモ・テープを録《と》ったことがあった。映画の主題歌で作曲者の先生も気に入ってくれて、ぜひやろうということになったけれど……。

石坂さんは「これはシングルだけど、先生はLPも作るつもりだ。松村がそれでいいのなら、かまわない。だけど、断ってもいいぞ。好きなようにしろ」と言ってくれた。二〜三日考えて、断った。僕のやりたい音楽ではなかったのだ。シングルだけだったら、やったのだけど……。

さっきも言ったように、石坂さんはビートルズのディレクターだった。僕は「ロッキング・オン」の編集部にいたから、東芝レコードに行くこともよくあったし、石坂さんが六本木の編集部に来ることもあったし、よく会っていたという記憶がある。

石坂さんが担当していたのは、ビートルズ、T・レックス、ジェフ・ベック、ピンク・フロイド、エルトン・ジョン、ナイス、サード・イアー・バンド、シルヴァーヘッド、コックニー・レーベルなど。もちろん、ビートルズ解散後のジョン・レノン、ポール・マッカートニー、ジョージ・ハリソン、リンゴ・スターも担当していた。圧倒的なジョン・レノン信者で、彼が一番凄いと思っていた。

石坂さんは洋楽のレコードに日本語のタイトルをつけるのが、抜群にうまかった。僕達は単純にうまいとしか言えないのだけど、本人は苦しんだり悩んだりしたのかも知れない。

一番有名なのは、ピンク・フロイドの『原子心母』である。原題が『アトム・ハート・マザー』だから、そのままじゃないかと言う人もいるかも知れないけれど、何日も考えて結局こうなったのだと、僕は思う。

今では『原子心母』といえば、牛のジャケットのピンク・フロイドのレコードと誰でも分かる。初めは八百枚のイニシァルだった『原子心母』は、三十二万枚の大ヒット・アルバムになった。

一番のヒットになった『狂気』の原題は、なんと『ザ・ダーク・サイド・オブ・ザ・ムーン』である。ここらへんになると、もう僕なんかには分からない。おそらく、月は人を狂わせるというような発想なのだろう。これも凄い。

アルバム・タイトルではなくて、曲名ではなんといっても「吹けよ風、呼べよ嵐」だろう。原題が「ワン・オブ・ジィズ・デイズ」なのだけど、曲を聴くとたしかにそんな気がする。

これはプロレスラーのアブドーラ・ザ・ブッチャーのテーマ・ソングになって、入場するときはいつもこの曲がかかった。ここらへんから、プロレスラーのテーマ・ソングが大流行して、ミル・マスカラスの「スカイ・ハイ」なんかもヒットした。

オリジナル曲を作るのも流行して、僕はハルク・ホーガンの「ロックンロール・クラッシャー・マン」という曲を作ったことがあった。テレビ中継のときにかかるというので、友達を集めて待っていたら、ハルク・ホーガンは『ロッキー3』に出たところで、「アイ・オブ・ザ・タイガー」がかかった。

石坂さんは邦楽のミュージシャンも担当して、RCサクセション、矢沢永吉、松任谷由実、長渕剛なども手がけたそうだ。たぶん、数年前にどこかのパーティーでお会いしたのが、最後だったと思う。

僕なんかには、日本の洋楽を象徴するような人だった。なんといっても、ビートルズからだから。ありがとうございました。

合掌。

〈二〇一七年九月号〉

雪の上の足跡

八月十七日〔二〇一七年〕、長崎県対馬《つしま》でカワウソが撮影されたと発表があった。これは琉球大学の伊澤雅子教授が、ツシマヤマネコの生態調査のために自動撮影装置を設置したところ、二月六日にカワウソが映っていたとして、テレビのニュースでも画像が流された。

僕のような素人にはもちろん分かるわけがなくて、しかし専門家がそういうのだから間違いはないだろう。ニホンカワウソは高知県で一九七九年に撮影されたのが最後で、二〇一二年に絶滅が宣言されていた。

今回は大陸のユーラシアカワウソが泳いできた可能性もあるというけれど、いくらなんでも五十キロも海を渡ってこられるとは思えない。また、ペット目的で密輸されたものが逃げて、野生化したということも考えられるということだけど、対馬にカワウソをペットにしている人がいるとも思えない。

夢のないことを言いなさんな。絶滅していたと思っていた動物が生きていたなんて、素晴らしいじゃないか。実際、次の日には、どうも二頭いるらしいという報道もされた。これが番《つが》いだったら、増えていく可能性もあるのだ。希望を持とうよ。これから調査されるのだから。

こういうふうに絶滅したといわれている動物で、どうも生き残っているのではないかというものが他にもいる。そのひとつに、オオカミがいる。本州のホンドオオカミと、北海道のエゾオオカミである。この二種は絶滅したということになっている。

しかし、そうではないという人も、たくさんいる。北海道大学にはエゾオオカミの剝製があり、和歌山県立自然博物館にはホンドオオカミのそれがあるという。京都大学の教授だった日高敏隆氏によると、素晴らしく堂々としているという。そうだろうな。

絶滅の根拠になっているのは、シーボルトが自国へ持ち帰った剝製だという。数年前、NHK（だったと思うのだけど）のテレビが調べたところ、それはヤマイヌだったという。ヤマイヌというのは、その名のとおり野生のイヌである。そのときテレビに映ったのは、五十センチぐらいの小さなものだった。

普通、オオカミといったら、一メートル以上はあるだろう。これはシーボルトが間違えたとしか思えない。北海道大学や和歌山県立自然博物館は、何故そのことを指摘しないのだろう。一説によると、シーボルトは日本ではあまり評価されていないらしい。

数年前に、オオカミがいたということで、写真が公開されたことがあって、僕も楽しみにしていたのだけど、いつのまにか有耶無耶になってしまった。そんなに、世の中はオオカミに興味がないのか。

僕がオオカミが絶滅していないと思っている根拠は、実は二十歳ぐらいのときに足跡を見たことがあったからだ。雪の上の足跡なんて消えてしまうものだから、説得力はない。しかし、見たんだ。それ以来、僕はオオカミは生きていると信じている。

二十歳前後の頃、よく伊豆へ行った。たいていは、伊東まで電車で行って、下田まで歩く。つまり、天城山《あまぎさん》を縦走するのである。四～五日は、山の中を歩き続けていた。おそらく、五～六回は行っているはずだ。最初は中学生のときの友人数人だったのだけど、終わりの頃はふたりになっていた。

春や夏は、寝袋でそこいらに寝た。秋や冬は、安い山小屋や国民宿舎に泊まった。何故そんなことをしたのかというと、自分でも分からない。六十六歳のじじいに、二十歳の若者が考えていたことなど分かるわけがない。その中の一回のことが忘れられなくて、今でもそのときのメモが残っている。それを見ると、そのときのことが、克明に思い出される。

友人とふたりで午前五時に大森を出発して、伊東からバスで天城ゴルフ場に着いたのは十時くらいだった。そこでコーヒーを飲んで、歩き出して十分も経たないうちに雪が降り始めた。そこはいつも行くハイキング・コースに毛が生えたようなところだったから、気にもしなかった。しかし、それから十五分もすると、周囲は大雪で真っ白になってしまった。

もう道標《みちしるべ》さえも雪に埋もれて、見えなくなった。僕達は道に迷った。ゴルフ場から三十分も歩いていないのに、戻る道さえ分からなくなった。それから一時間以上探して、なんとか道を見つけた。雪が降っているから、音がまったくしない。その中を、ふたりは雪だるまのようになって歩いた。

万二郎岳、片瀬峠、小岳《こだけ》、万三郎岳、白田山《しらたやま》、白田峠と歩いて、八丁池の山小屋に着いたときにはふたりともくたくたになっていた。山小屋の親父さんは、こんな大雪の日に人が来たのは初めてだと言っていた。

次の日は、天城峠から湯ケ野へ行く予定で、昨日のことがあったから充分に休んで、午前十時に出発した。空は晴れていた。そして、一時間ぐらい歩いたところで、僕達の先を変な足跡が行っていることに気づいた。何本かある指の間に、水掻きがついているのだ。

その大きさから見ると、三匹いるらしい。それが何十メートルおきに、雪の上にくっきりと残っている。しばらく経ってから、気づいた。この何十メートルおきというのは、道に関係なくまっすぐに走っているということなのだ。

伊豆に詳しい友達も、見たことがないという。その足跡に導かれるように、夕方湯ケ野の国民宿舎に着いた。三日目、足が痛くなって、とても山の中を歩けそうになかった。これは、一日目に雪の中を歩きまわったせいだろう。

それで、予定を変更して、植物園などへ行って、松崎の国民宿舎にバスで行った。今、見てみたら、松崎の国民宿舎のマッチがあった（約四十五年前のマッチだ）。四日目もバス移動で、下田まで着いた。結局、山の中を歩いたのは、二日間だけだった。

東京に帰って来てから十日後ぐらいに、神田の古書店街に行った。うろうろしているうちに、一軒の店で気になる題名の本を見つけた。『幻のニホンオオカミ』などという本で、オオカミはまだ生きているという内容だった。その人はオオカミを追っているのだそうだ。

その口絵に載っていたオオカミの足跡だという写真を見て、僕は納得した。それは天城峠から湯ケ野へ行くときに見た、あの足跡だった。

これで、どの曲につなげればいいのだろう。ステッペン・ウルフというバンドがいたけれど、「ボーン・トゥー・ビー・ワイルド」しか知られていない。アニマルズもいたけれど、一週間前に「ロッキング・オン」〔二〇一七年十月号〕に書いた。どうしようか。

ゾンビーズというバンドがいた。六〇年代後半のバンドで、その頃はゾンビなんか知らなかった。ゾンビが怖いものだと知ったのは。何十年も経ってゾンビ映画が流行してからだ。そういうことだったのか。

ゾンビーズは一九六四年にレコード・デビューして、「シーズ・ノット・ゼア」や「テル・ハー・ノー」などのヒットを出した。しかし、後が続かず、LP『オデッセイ・アンド・オラクル』を作って解散した。

しかし、日本ではこの『オデッセイ・アンド・オラクル』が名盤の誉れが高くて、CDが売れ続けている。一九六八年の作品だというのに、「今日からスタート」は今リクルートの「ゼクシィ」のコマーシャルに使われている。

また、解散後にレコードが発売された、アメリカでは、「ふたりのシーズン」がヒット・チャートの第三位というビッグ・ヒットになっている。

レコードは大ヒットしたのに、そのバンドはいない。やっぱり、ゾンビーズだったのである。

〈二〇一七年十月号〉

まんがになって四十年

本棚を片づけていたら、つげ義春の文庫本が目に入った。『無能の人・日の戯れ』という本で、なんとなく気になってそのまま読み始めてしまった。何度か読んでいるはずだから、特に新たに興味をひかれるところがあるというわけではない。しかし、最後まで読んでしまった。

見まわしてみたら、つげ義春の本はあと二冊あった。結局、その二冊も読んでしまった。つげ義春という人はまんがに詳しい人にとってはレジェンドであって、だから僕なんかも読んだのだろう。しかし、この三冊をいつどこで買ったのかは、まったく覚えていない。

その三冊を読み終わったあとに、本棚を見まわしてみたら他にもまんががあった。こんなにあるなんて、思ってもいなかった。五年前にここに引っ越して来たときに本の選別をして、本棚に入れるものとそのまま段ボール箱に入れたまま納戸にしまうものと分けたはずだ。ということは、納戸にはもっとあるのだろう。

とりあえず、本棚にあるものを、全部抜き出してみた。まず、杉浦茂の『少年児雷也』と『猿飛佐助』がある。これは文庫化されているのを知って、数年前に買ったものだ。僕が子供の頃に読んだもので、イメージが増大していたのだけど、それを裏切らずに、面白かった。コロッケ五えんのすけとかレレレのおじさんとかは、この人のオリジナルだ。ナンセンスである。あすなひろしの『青い空を、白い雲がかけてった』は一九七八年のコミックスだから、僕もそれなりの大人になっていたんだ。たしかこの頃からまんがが正当に評価されるようになって、大人が人前でも読めるようになったんじゃないかな。あすなひろしのコミックスは目につけば必ず買っていて、だから納戸の中にはいっぱいあるはずだ。これは探さなければならない。

江口寿史は『ストップ!!ひばりくん!』、『寿五郎ショウ』、『なんとかなるでショ!』があった。この人のギャグまんがは正に爆発的で、笑う前に唖然としたことが何度もあった。「ロッキング・オン」の編集部で、一度会ったことがあった。あれはなんだったのだろう。

喜国雅彦の『傷だらけの天使たち』もあった。この人は何故か「ロッキング・オン」で描きたかったらしくて、まんが雑誌で連載をしていたのだから、そのほうがずっといいのに、断られたと怒っているらしい。喜国さん、その話は「ロッキング・オン」編集部には伝わっていませんから。怒らないでください。

西原理恵子の『ぼくんち』もあった。もはや大家《たいか》といってもいい人で、大昔に誰かのパーティーで会ったような気がする。現代洋子の『おごってジャンケン隊』は、ゲストと食事をして、ジャンケンで負けたほうが全額支払うというもので、それを真似したテレビ番組もあった。早川義夫さんの回に、僕もおまけで描かれている。

こんな歳になっても、まんがは夢中になって読めるものである。考えてみれば、子供の頃はまんがばっかり読んでいたし、自分でも描いていたなあ。

たしか僕が小学生のときに、「週刊少年マガジン」と「週刊少年サンデー」が創刊されたのだったと思う。表紙はどっちかが長嶋で、どっちかが朝潮（初代）だったと思う。

僕達の時代のまんがのヒーローは、なんといっても『鉄腕アトム』である。『赤胴鈴之助』は、一世代前である。あと好きだったのは、『ちかいの魔球』と『あしたのジョー』があったな。どちらも、ちばてつやだろう。

そういえば、昔は雑誌連載が単行本になる前に、雑誌と同型で別冊というものになった。僕がアルバイト先で『あしたのジョー』の別冊を読んでいたら、貸してくれという人が続出して、結局戻ってこなかったから、最終的にはあの会社の備品になったのかも知れない。

今では信じられないかも知れないけれど、七〇年代八〇年代のロック・ファンは、男と同じぐらいに女もいた。いや、女のほうが多かったこともあったかも知れない。そういうファンの女子高生女子中学生は、臆さず「ロッキング・オン」の編集部にもやって来た。春休みや夏休みになると、とんでもないことになる。

しょうがないので、打ち合わせは喫茶店でやったりした。しかし、来るなとは言えなくて、やはり七〇年代ロックはまだ世間には受け入れられなくて、同じように口惜しい思いをしていたからかも知れない。

そのうちに、彼女達もロック雑誌ごっこを始める。ごっこというのは言い過ぎで、つまりミニコミである。あの頃、ロックのミニコミは、百や二百はあったのではないだろうか。そういうふうにミニコミを作っているうちに、人によっては批判することに懸命になる人も出てくる。なんだか分からないけれど、僕はそういう批判の対象にされることが多かった。クイーンやキッスやエアロスミスのことを書いていればいいのに、松村は甘いなどと書かれる。女子中学生や女子高校生に。今でいうと、ネットのようなものだったのか。

そういうミニコミには、必ずまんがの頁があった。クイーンやキッスやエアロスミスのメンバーをキャラクターにして、まんがを描いてしまうのだ。これがそれなりの完成度だったのは、やはりテーマにするバンドをみんなが知っていたからだろう。そういう中でも、もっとも題材にされたのはチープ・トリックだろう。

チープ・トリックは去年〔二〇一六年〕も『バン・ズーム・クレイジー・ハロー』というアルバムをリリースした現役のバンドで、レコード・デビューは一九七七年だから今年四十周年ということになる。

チープ・トリックは、メンバーのルックスが凝っていた。ロビン・ザンダーとトム・ピーターソンが長髪の美形で、いわば白馬に乗った王子様である。そして、リーダーのリック・ニールセンがおかしなおじさんで、バン・E・カルロスがくわえ煙草の小太りのおじさんである。つまり、ふたりの美青年とふたりの変なおじさんのバンドだったのである。

王子様とおじさんといっても、いっしょにバンドを組んでいるぐらいだから本当は歳は同じぐらいだったのだろう。しかし、まんがにしやすい。おじさん達が失敗して美青年達が右往左往するというものが、多かったような気がする。まあ、パターンですね。

このバンドはなんといってもリック・ニールセンで、シカゴ・カブスのベースボール・キャップをかぶって、一番ロック・ミュージシャンらしくないカーディガンを着て、蝶ネクタイをしていたのだ。このセンスで、ギターをがんがん弾くのだ。

「ロッキング・オン」はデビュー・アルバムから、チープ・トリックを押し出した。二枚目の『蒼ざめたハイウェイ』、三枚目の『天国の罠』になると、他の音楽誌もとりあげるようになった。

そして、一九七八年に来日したときには、「俺達はビートルズか?」と思うような人気バンドになっていた。アメリカではまだデビューして一年の新人バンドなのに、空港はキャーキャーいう女の子でいっぱいだったのだ。

そのライヴ・アルバム『チープ・トリック　アット・武道館』も、当初は日本だけでの発売だったのに、アメリカでもその輸入盤（つまり、日本盤）が売れて、アメリカ盤を発売したらなんと四百万枚の大ヒットになったのである。

二枚目の『蒼ざめたハイウェイ』には、テーマ・ソングの「ハロー・ゼア」や、ライヴ盤が大ヒットになった「甘い罠」も入っているけれど、やはり「今夜は帰さない」だろう。この曲には、チープ・トリックのすべてがある。

〈二〇一七年十一月号〉

夜汽車は走るのです

　十月二十六日〔二〇一七年〕に、レコード会社の試聴会に行った。最近はビッグ・ネームのニュー・アルバムは、今迄のように試聴盤を配付しないことが多い。レコード会社へ行って、試聴しなければならない。なおかつ、その内容については、発売直前まで口外しないという誓約書も書く。だから、ここでも書けない。申し訳ないけど。

　つまり、そこで一回聴いただけで、原稿を書かなければならないのだ。だから、出席者はみんな神妙な顔をして、聴きながらメモをとっている。そこで逢った旧知の人物に、久しぶりですね身体は大丈夫ですかと言われた。そういえば、こういうところへ来るのは、一年ぶり以上になる。

　警戒していたのは、たしかだ。前号でも分かるように、九月の二十日ぐらいに風邪をひいて、治るまでに二週間ほどかかった。風邪は毎年一回ぐらいひくのだけど、薬を飲めば四～五日で治っている。それが二週間もかかったのは、やはり不安だった。

　脳梗塞で入院したのは、去年の十月九日だった。幸か不幸か、十月九日はジョン・レノンの誕生日だから、覚えている。退院したのは、十月二十六日だった。つまり、ちょうど一年経ったということになる。

二週間ちょっとの入院だから、どうってことはないのかも知れない。しかし、僕にとっては、初めての経験だった。退院した直後は、人がたくさんいるのが怖かった。電車が速すぎると感じて、乗ることが出来なかった。

その結果、コンサート評を頼まれても、会場が渋谷だと躊躇した。依頼者は「やっぱり、渋谷はきびしいですね」と言ってくれて、ほっとした。高校生の頃から、五十年も闊歩していた町なのに。その時点では、狂気の町だった。

なんとか、電車は乗れるようになった。それでも、考えてみたら、この一年で東京へ行ったのは、五～六回だけだった。それまでは、週に一度や二度は行っていたのに。僕が住んでいるところは川崎市なので、十五分も電車に乗れば多摩川を渡ってしまうのに。

外出するのはだいたい週に二回で、買物に行くときだけだ。食べるもの飲むものが、なくなってしまうからだ。それ以外は、ずっと家にいる。それが分かっている友達は、酒を飲むのにも僕が住んでいる町へやって来てくれる。こないだは、近藤智洋と岡本定義のふたりのミュージシァンが来てくれた。彼等がこの町の酒場状況を知っていたのは、半年ぐらい前にも来てくれたからだ。

一年に一度ぐらい連絡をとる中学の同級生が、「ケメが死んだぞ」と電話をかけてきた。ケメというのは佐藤公彦というフォーク・シンガーで、七〇年代にはかなりの知名度があった。彼も中学校の同級生だったのだ。「俺も脳梗塞で、入院してたんだ」と言ったら、黙ってしまった。「俺達もそういう年齢なんだよ」と言うしかない。六十六歳だもんな。

今年は十月九日から十月二十六日までの、〝危ないぞ警戒しろよ二週間〟は何もなかった。大丈夫だろう。しかし、いつまでもこういう状態でいいわけがない。まるで、引きこもりの高校生である。

自分から、打って出よう。うまく喋ることが出来ないけれど、友達は「松村さんは酒を飲むと、いつもそうでしたよ」と言う。いつも、酔っ払った気分でいればいいのか。いっそ、毎朝ビールを一杯ひっかけようか。

このままフェイド・アウトするよりも、そのほうがずっといいだろう。とりあえず外に出て、闊歩は出来なくても町をふらふらと歩いてみよう。


この一年間で、音楽関係の人が何人も亡くなった。チャック・ベリーやファッツ・ドミノはロックンロールを作った人達で、それなりの年齢だからしょうがないといえばしょうがない。石坂敬一さんは、レコード会社の社長だった。前記のように、佐藤公彦は同級生だった。そして、遠藤賢司さんが亡くなった。なんてこった。ちきしょう。病気だったなんて、ちっとも知らなかった。

十月二十五日に亡くなったのだそうだ。胃癌だったのだという。去年、それを公表していたというのだけど、それが十月以降だったら僕は自分の病気で手一杯だった。知っていたら……。

賢司さん（と、僕は呼んでいた）は、一九七〇年にアルバム『ＮＩＹＡＧＯ』でレコード・

デビューした。その頃、日比谷野外音楽堂では、毎週のように週末にコンサートが行なわれていた。ひとりのミュージシャンの持ち時間は三十分ぐらいで、十組ぐらいが出演していた。たしか、そこで初めて見たのだと思う。

フォーク・ギター一本で歌う賢司さんの歌は、明らかにロックだった。のちに「フォーク・ジャンボリーで歌うと、僕だけ浮いちゃうんだよね」と言っていたけれど、当たり前だロックなのだから。賢司さんは、ジャックスの早川義夫さんや頭脳警察のパンタさんのサイドにいる人だった。フォーク・ギターを持った、ロック・シンガーだったのだ。

僕は一九七八年にレコード・デビューして、一九八三年にやめている（その後、縁があって、二〇一五年に水橋春夫グループに参加した）。賢司さんとは、その七〇年代後半のシンガー時代に逢っている。どこかのコンサートでいっしょになって、仲良くさせてもらったのだと思う。

賢司さんのコンサートに僕がゲストで出たり、逆に僕のコンサートに賢司さんが出てくれたこともあった。当然、ふたりで酒を飲んだこともあった。そういうときは失礼のないように、押さえて飲んでいた。そうしないと、滅茶苦茶になっちゃうから。近藤智洋や岡本定義だって、朝までつきあわされたことがあったし。僕に。

ところが、一九八三年に僕が歌手をやめたために、賢司さんとのつきあいも終わってしまった。僕は歌手をやめなければならなかったのが、痛手だったのだ。はっきり、引きこもりのようになってしまった。賢司さんから電話がかかってきても、まともな応答もしなかったのだと思う。

それから何年も経って、なんとか文章を書いていこうという気になった。それで、人とも会えるようになった。なにかのパーティーで、早川義夫さんやパンタさんと逢うこともあった。しかし、賢司さんと逢っても、かつてのような関係にはなれなかった。当たり前である。突然、歌うのをやめて、電話をかけても、はっきりとしないのだから。あそこで終わっていたのだ。それからは、いっしょにビールを飲むこともなくなった。自分で考えても、失礼な奴だと思う。しょうがない。

さて、賢司さんの一曲は、なんだろうか。曲名は忘れたけれど、たしか『宇宙防衛軍』というアルバムに僕も参加したはずだ。レコードはダンボール箱に入れて、納戸の奥にしまってある。それを探していたら、二日や三日はかかるだろう。

僕はコーラスに、参加している。それから、足音を録りたいというので、スタジオの階段を何度も走った。思い出してくるな、だんだんと。キングのスタジオだったんじゃないかな。

新聞の死亡欄には、代表曲は「カレーライス」と書いてある。たしかに、「カレーライス」も名曲だ。詞の中に三島由紀夫のことが出てくるなんて、若い人には分からないだろう。自分でカレー屋さんをやっていたこともあるし。

だけど、「夜汽車のブルース」にしよう。野音で初めて見たときの賢司さんは、「夜汽車のブルース」を十分以上もやっていた。その迫力に、僕は圧倒されたんだ。賢司さん、ありがとうございました。

〈二〇一七年十二月号〉

貴乃花、がんばれ

この連載が二〇一四年四月号から始まったということを知っている人は、どのぐらいいるのだろうか。小説誌のエッセイに興味を持っている人は、そんなにいないだろうと思う。実は、二〇一八年の三月号で、ちょうど四年経つということになる。それを区切りに、終了ということになった。考えてみれば、病気で四回の休載はあったのだけど、なんとかやってきた。毎月読んでくださっていた方には、感謝するしかない。

さて、この連載が始まったときの編集長は、三代前のTさんだった。Tさんからこういうものにしてもらいたいと言われたとき、僕は躊躇した。同じような連載を、他誌でもやっていたからだ。だから、本当は三月号からだったのに、僕は書けなかった。すると、Tさんは僕の住んでいる町にやって来て、ともかくやろうと言ってくれた。僕が編集長でいる限りは、ずっと続けるからと。

ところが、そう言ってくれたTさんが、連載が始まって数か月で急死されてしまった。Tさんがいなくなったとなると、その約束は無効になってしまう。あの約束はTさんと僕が酒を飲みながら決めたものだから、編集部の他の人は一切知らない。知らないどころか、Tさん以外には誰とも会っていなかったんじゃないかな。

おそらく、新しい編集長も、戸惑っていたことだろう。こいつをいったいどうしたらいいんだろうと。その結果、編集部と僕の間には、微妙な空気が生じた。両者ともに、変に気をつかっているような状態になった。だから、今回、三月号までと言われたときは、おかしな言い方だけど、ほっとしたようなところもあった。ともかく、読んでくださった方達は、四年間ありがとうございました。

というわけで、今回も含めて、あと三回だけである。しばらく前に、野球や相撲の話題はちょっと……と編集部に言われたことがあった。そういえば、小説誌の読者は、あまり野球や相撲には興味を持っていないかも知れない。しかし、これは書いて半月後には新しい号が出るから、苦肉の策だったのである。

そんなことを言ったら、ロックも同じだろう。小説誌の読者は、六〇年代七〇年代八〇年代のロックなどには興味はないかも知れない。考えてみれば、四年前、神田や新宿で酒を飲んで盛り上がった、Tさんと僕が決めたことなのである。その酔っ払いの戯《ざ》れ言《ごと》に、四年間も付き合わせたことは申し訳ないと反省している。

あと三回だけだから、禁じられていた話題も解禁させていただきたい。日馬富士の貴ノ岩暴行事件である。毎日、ワイド・ショーで取り上げられているから、知らない人はいないだろう。これを書いている十一月二十九日〔二〇一七年〕、日馬富士の引退記者会見が行なわれた。

びっくりしたのは、日馬富士が貴ノ岩への謝罪をまったくしなかったのと、伊勢ケ濱親方がまるで『アウトレイジ』の出演者みたいで、インタヴューアーの質問を潰していたことだった。これって、いったいなんのための記者会見だったのだろう。

よく知られているように、暴行は十月二十五日の深夜に行なわれた。それを知った貴乃花親方は、警察に届けを出した。相撲の世界というのは狭い世界だから、二〜三日後にはこのことは全員が知っていただろう。ところが、十一月二日に警察から相撲協会に問い合わせがあって、ことは明らかになって、大騒ぎになった。

貴乃花親方が相撲協会に報告する前に、警察に通報したということを非難する人がいた。しかし、普通、我々が酒の席で喧嘩して大怪我をしたら、まず病院へ行くだろう。次に、警察ということになる。仕事関係への報告は、一番最後になる。それが、一般の社会だ。相撲協会には、それが通じないのか。

普段、貴乃花親方はテレビに出ても、しっかりとインタヴューに答える（今回は、黙っているけれど）。また、自分の意見も、はっきりと発表出来る（まあ、黙っていますけどね、今回は）。しかし、八角理事長は……。今日、テレビで、坂上忍が「八角理事長は紙に書いてあるものを読むしか出来ないんだね」というようなことを言っていた。

今、貴乃花親方は孤立無援のような形になっている。しかし、それは相撲協会の中だけのことだ。分かっているだろうけれど、相撲ファンはそれよりもずっとずっとたくさんいるのだ。世の中は、そんなに甘くはない。大方の相撲ファンは思っている。貴乃花、がんばれ！

これで、どういうバンドのどういう曲につなげればいいのだろう。ステージで演奏中にメンバー同士で殴り合いをしたというのはキンクスだけど、書いたことがあったな。だいたいのバンドは、解散する前は仲が悪くなっている。いや、仲が悪くなったから、解散するのだ。

ウォーカー・ブラザーズはあくまでもバンド名であって、血のつながりはまったくなかった。スコット・エンゲル（ベース）、ジョン・マウス（ギター）、ゲイリー・リーズ（ドラムス）の三人組だった。

三人ともアメリカ人だったけれど、本国ではまったく芽が出なかった。一説に依ると、ローリング・ストーンズのブライアン・ジョーンズの勧めで、イギリスに渡ったという。イギリスはいわゆるリヴァプール・サウンドの大ブームで、ビート・グループがたくさんいたからだろう。それが、功を奏した。

このときから、スコットとジョンが前に出てシンガーに徹し、ゲイリーがバック・バンドのリーダーになるという形になったようだ。すると、一九六五年に「涙でさようなら」がヒット・チャートの第一位というスーパーヒットになって、瞬く間にスターになった。

翌一九六六年には、「太陽はもう輝かない」もナンバー・ワン・ヒットになって、グループの人気は確固としたものになった。しかし、この頃から、スコットとジョンの間に、確執が生まれたらしい。

一九六七年二月、ウォーカー・ブラザーズはプロモーションのために、来日した。これが、凄まじいものになった。いくつものテレビ番組に出演して、「ダンス天国」を歌いまくった。すると、女の子のファンが激増したのだ。

一九六七年というと僕はまだ中学生だったのだけど、テレビでウォーカー・ブラザーズを見てかっこいいなと思ったのを覚えている。その当時、同じように思ったのは、沢田研二だけだった。

スコットは正に白馬に乗った王子様であって、ミーハーの女の子はみんなウォーカー・ブラザーズのファンになった。すると、レコード会社は、普通のシングル以外にも、アルバムから勝手にシングル・カットして、それもヒットするという、わけの分からないことになった。

ところが、その異常なブームが起こって三か月後の五月に、ウォーカー・ブラザーズは解散してしまう。原因は、スコットとジョンの不仲だという。そういえば、その数か月前にリリースされた、結果的にラスト・アルバムになった三枚目は、おかしなものだった。シングル以外は、ふたりでは歌っていないのだ。ロック・バンドのレコードなのに、スコットがシャンソンを歌いジョンがジャズを歌うというものだった。これでは、解散もやむをえないだろう。

しかし、日本ではウォーカー・ブラザーズの人気は衰えず、なんと解散八か月後の一九六八年一月に、日本武道館でコンサートが行なわれたのだ（日本武道館でのコンサートは、一九六六年六月のビートルズ以来だった）。信じられないような出来事だった。

〈二〇一八年一月号〉

V

終わりは近づいている

東京都大田区新井宿三丁目一三八九番地。これは僕が生まれて育った家のあった住所である。ところが、僕が中学生のときに、東京都の町名変更で変わってしまった。変わった住所名は今では知らない人が住んでいるだろうから、知っているけれど書くことは出来ない。きっと、マンションでも建っているのだろう。

今考えると、なんとなく喪失感のようなものがある。どうして、こんなことになってしまったのだろうか。どうやら、そのときの都知事の意向があったらしい。その頃の東京は正直いってごちゃごちゃしていて、いってみればほとんどの町が下町のようなものだったのだ。

それを分かりやすくしようとしたのか。その都知事は東京出身ではなかったから、ええい面倒臭い分かりやすくしてしまえみたいなものだったのだろう。だから、今でも僕はそのかつての都知事の名前を聞くと、嫌な気分になる。まあ、何代も前の都知事の名前など、聞くことはないのだけど。

僕の住んでいたところは、商店街だった。うちも、昔は和菓子店をやっていたらしい。その店先にちょこんと座っている赤んぼの頃の僕の写真を見た記憶があるけれど、あれはどこへ行ってしまったのだろう。小学生になる前の僕の写真は、数枚しかない。

その商店街から海のほうへ行くと大森町で、その頃京浜工業地帯といって工場ばかりだった。逆に行くと山王町で、大きな家やアメリカン・スクールやテニス・コートがあった。誤解をおそれずに書くと、工場街と豪邸街のちょうど真ん中の商店街だったのだ。普通の町だった。

その子供の頃から育った家が無くなったのは、今から十数年前だった。そこに住んでいた母親が亡くなって、親戚の間で気分が暗くなる話し合いが何か月もあって、結局どうにかなって、どうにかなったのだ。以後、僕は大森へ一度も行ってない。だから、あの家がどうなっているのか、知らない。

今大森は昔とは比べものにならないぐらい、人が増えている。親戚と話し合いをするために毎週通っていた頃には、通りを歩くのも一苦労だった。池上通りというのだけど、僕が小さい頃は柳本通りと言っていた。僕は子供の頃から知っているので、そこを避けて一本裏道を歩いて行った。

そういえば、母の亡くなった日に、遺体の安置や通夜や葬儀を決めて、夜中の十二時ぐらいに大森駅に向かった。人通りの少ない裏道を歩いていたら、自分でも思っていなかったほどの勢いで号泣した。約十分ぐらいだろう。明るい駅に着いたら、涙は止まった。

僕が大森の家を出て、ひとり暮らしを始めたのは二十四〜五歳だったと思う。昔はそういうことはきちんと覚えていたのだけど、もう今は駄目だ。原稿についても、書き始めたのは一九七二年と分かっている。「ロッキング・オン」が創刊した年だからだ。

それから十年ぐらいは、他誌に書いたものも含めてすべて覚えていた。しかし、二十年三十年となると、分からなくなってしまった。今年で四十五年以上になる。原稿の内容は十年も経てば読んだ人も忘れちゃうだろうから、それほど問題にはならないだろう。

だいたい、僕が愛読していた内田百閒も山口瞳も、同じことを何度も書いていた。それをまたかと思わせずに読ませるのは、やはりそれだけの手腕があったからだろう。そういうわけで、内田百閒や山口瞳について、この頁に書こうと思っていたのだけど、もう来月で終わりだ。しようがない。

こういうことを書いたのは、以上のようなことを前にも書いたことがあったような気がしたからだ。読んだことのある人は、忘れてください。

エリック・バードンは、一九四一年五月にイギリスのニューキャッスル・アポン・タインで生まれている。アート・スクールに通っていたときに、バンドを組んだ。ときは一九六三年で、ビートルズが走り始めた頃だった。一九六四年にエリックがヴォーカルのアニマルズは、「朝日のあたる家」が大ヒットして一躍有名になる。

アニマルズはヒット・ソングを出し続け、一九六六年にメンバー・チェンジをしてエリック・バードン・アンド・ジ・アニマルズになる。その後、一九六九年に解散したことは、前に書いたことがあったと思う。

エリックは当時のイギリスのミュージシァンがみんなそうだったように、ブラック・ミュージックに多大な影響を受けていた。だから、その頃流行し始めたファンクを取り入れて、アメリカでエリック・バードン・アンド・ウォーを結成する。

ときは一九七〇年で、ウォーというのは六〇年代後半に流行したピースに幻滅していたからだろう。ナイトシフトという黒人バンドをウォーと改名させて、自分がリーダーになって引っ張った。ところが、人気は充分にあったのに、二枚のレコードをヒットさせた後に、突然脱退してしまった。ファンクは彼が考えていたものとは、違っていたのかも知れない。

エリックがいないウォーは人気バンドのまま、七〇年代を駆け抜けた。次に、エリックはエリック・バードン・バンドを、一九七四年に結成した。ところが、これも二枚のレコードをリリースした後に、解散してしまった。以後、エリックはソロ・アルバムを出すものの、表舞台からは消えてしまった。

エリック・バードン・アンド・ブライアン・オーガー・バンドの来日が決定したのは、一九九一年だった。招聘元の代表のHさんは友達で、いつも音楽の話をしていたから、ある日「松村君、エリック・バードンを決めたよ」と電話があったときには、僕は飛び上がって喜んだ。ブライアン・オーガーはエリックと同じぐらいのキャリアのある、イギリス人のキーボード奏者だった。これなら、間違いはない。

東京でのコンサートの司会は、僕がやった。それ以外にも、東京にいる間は、インタヴューでもなんでも、僕が立ち会った。おそらく、エリックは僕をスタッフのひとりと思っていただろう。僕はいつもエリックのそばにいて、信じられないけれどあのときは英語を喋っていたんだ。

その来日の後、一九九三年に『アクセス・オール・エリアズ／エリック・バードン・アンド・ブライアン・オーガー・バンド』の二枚組CDをタワー・レコードで見つけて大喜びして買った。あのバンドのライヴ盤だった。

それ以後は、僕がタワー・レコードやヴァージン・レコードに行ったときに、見つけたCDを買うだけになった。数年に一枚で、マイナー・レーベルだった。エリックはどうしているのだろう。ずっと、考えていた。

それが今から五年前の二〇一三年にユニバーサル・ミュージックからニュー・アルバムの『ティル・ユア・リヴァー・ランズ・ドライ』が発表されたのだ。嬉しかった。二〇一三年といえば七十二歳になっているエリックのヴォーカルは、力強かった。まだまだ、充分に歌える。

なかでも、自分を振り返った「27　フォーエヴァー」が圧巻だった。地味ではあるけれど、重い曲であった。ジム・モリソン、ジミ・ヘンドリックス、ジャニス・ジョプリン、ブライアン・ジョーンズが、二十七歳で死んでいるのだ。自分もそうなったかも知れないと、歌っている。

ニューキャッスル・アポン・タインからロンドンへ。そして、三十歳ぐらいから、エリックはずっとアメリカに住んでいる。親兄弟や故郷を思ったことはあるのだろうか。ジャケット写真の顔には、深い皺が刻まれている。


〈二〇一八年二月号〉

それでは、皆さん、さようなら

ついに、この連載も最終回ということになった。そのことは一月号で書いたので、これ以上記することはない。今迄いくつかの連載の最終回はどういうことを書いていたのかと考えても、まったく覚えていない。ともかく、読者の皆さん、ありがとうございました。

今〔二〇一八年〕から五十年前の一九六八年、ビートルズは危機に陥っていた。その一年前の一九六七年に発表した『サージェント・ペッパーズ・ロンリー・ハーツ・クラブ・バンド』が大絶賛されたために、それを主導したポール・マッカートニーはリーダーのような立場になっていた。

少年時代からリーダーであったジョン・レノンは前年から鬱になっていて、ポールがバンドを仕切るのを黙って見ているしかなかった。しかし、半年ぐらいあとにはオノ・ヨーコと付き合い始め、元気を取り戻すことになる。

次に、ポールは飛行機の中で思いついたアイディアで、テレビ番組を作ることにした。その『マジカル・ミステリー・ツアー』は今ではビートルズのおかしな一面ということで、評価されている。しかし、発表時のロンドンでは、散々な言われようだった。その理由は当時のイギリスにはカラー・テレビはほとんどなく白黒テレビばかりだったから、ビートルズが考えていたサイケデリックな感覚が理解出来なかったかららしい。

一九六七年といえば僕は高校一年生でドラッグなどという言葉も知らず、これは悪いクスリを飲まなければ分からないのだと思っていた。まだ煙草も吸っていなかったから、マリファナがあったとしてもどうしていいのか分からなかっただろう。世の不良という奴がやっているシンナーをやってみても、効いているのか効いていないのか分からなかった。二〜三回でやめた。

一九六八年になると、ビートルズは二枚組LPの『ザ・ビートルズ』、通称『ホワイト・アルバム』を発表した。僕は単純にかっこいいと思っていたのだけど、どうやらアメリカやイギリスではそうではなかったようだ。「ローリング・ストーン」紙などでは、「凄いレコードではあるけれど、ビートルズは危険な領域に入っている」と書いたそうだ。もちろん、それを知ったのは、数年後である。

たしかに、ジョンは自分の曲だけに、一生懸命になっている。ポールも自分の曲だけに、一生懸命になっている。ジョージ・ハリソンの「ホワイル・マイ・ギター・ジェントリー・ウィープス」では、彼の友人のエリック・クラプトンが長いソロを弾いている。ビートルズのレコードでホーンやストリングスではなくて、名のあるミュージシャンが参加したのはこれが初めてだった。

ビートルズというひとつのグループではなくて、ジョンとポールとジョージとリンゴのレコードになっている。あとになって分かるのだけど、ジョンもポールもひとりだけでレコーディングして、他のメンバーは出来上がってから初めて知った、というような曲もあったようだ。プロデューサーだったジョージ・マーティンにインタヴューしたときに、このレコードのことを訊いたら、「あれは二枚組ではなくて、一枚にしておいたらもっと凄いレコードになったろう」と答えてくれたけれど、僕には二枚組でも凄いレコードだった。

十年ちょっと前に「ローリング・ストーン」誌（新聞だったのが、雑誌になった）が選んだロックの名盤五百枚では、第一位が『サージェント・ペッパーズ・ロンリー・ハーツ・クラブ・バンド』、第三位が『リヴォルヴァー』、第十位が『ホワイト・アルバム』、第十四位が『アビイ・ロード』と、ビートルズが入っていた。僕が選んだら、『ア・ハード・デイズ・ナイト』、『アビイ・ロード』、『ホワイト・アルバム』の順になるだろうな。

一九六九年、またもやポールの主導で、ビートルズは『ゲット・バック』というレコードを作ることになる。しかし、いくらポールがリーダーの顔をしても、他の三人の反応は薄かった。同時に映像も撮られていて、一九七〇年に『レット・イット・ビー』という映画になった。そのときに、『ゲット・バック』は『レット・イット・ビー』になった。

そういった人間関係のトラブルなど、日本には知らされていなかった。おそらく、イギリスでもそうだったのだろう。ビートルズは普通に活動しているのだろうと、思っていた。その頃、僕が人のいない暗い所へばかり連れて行こうとしていたガールフレンドは、僕がなにかというと時計を見て「東京とロンドンの時差は九時間だから、ビートルズは今何をしているのかな」

と言うのを嫌がっていた。

思えば、「ゲット・バック」、「ザ・ロング・アンド・ワインディング・ロード」、「トゥー・オブ・アス」といった曲は、ポールのジョンへの「僕を見てくれ」というラヴ・コールだったのだろう。しかし、いつもヨーコといっしょにいるジョンは、反応しなかった。

自分の態度を反省して、ポールはジョージ・マーティンにもう一度プロデュースをしてもらえないだろうかと頼みに行った。ジョージ・マーティンは喧嘩をしないならという条件で、引き受けた。

一九六九年七月、『アビイ・ロード』のレコーディングが始まった。ジョンは交通事故で入院していたため、スタジオに四人が揃ったのは開始九日後だった。約束していたようにメンバーの言い合いもなく、八月二十日すべてのレコーディングが終了した。そして、九月二十六日、ビートルズのラスト・アルバムが発表された。

同じ頃、僕は高校三年生で、威圧的な校風に違和感を持っていた。その結果、学生運動の活動家だった同級生と手を組んで、二十人ぐらいで文化祭実行委員会を作った。すると、右翼と言われていた教師とそいつに飼われていた生徒が、やたらと言いがかりをつけてきた。会議を開いていたときに、野球部員がバットを持って脅しに来たこともあった。

文化祭は今迄になかったほどに盛り上がり、大盛況で終わった。生徒が下校し僕達が片付けをしているときに、ひとりの教師が難癖を付けて来た。約一か月我慢をしてきた僕達は、ついに切れてしまった。その教師に抗議をした。

ときは一九六九年秋、七十年安保に向けて、世の中は騒然としていた。隣の都立高校では、活動家の生徒が何か月も体育館に立て籠もっていた。僕達は校舎に入って、教師達と話し合った。夜も十時を過ぎて、もう遅いからあとは明日にしようということになった。そして、次の朝、学校から退学にするという電話があった。騙し討ちである。

そういうことがあったので、僕が『アビイ・ロード』を聴いたのは、発表から何か月も経ってからだった。ジョージ・マーティンは「四人とも、これがビートルズの最後のレコーディングになると分かっていたと思う」と言っていた。ポールは「これで最後かなとうっすら思っていたけど、本当に最後だったのでびっくりした」と言った。僕が『アビイ・ロード』を聴いたのは、半年後ぐらいだろうか。

『アビイ・ロード』のA面は普通に六曲が収録されているのだけど、B面の十二曲は聴き方によってはメドレーととらえることも出来る。「ゴールデン・スランバーズ」、「キャリー・ザット・ウェイト」、「ジ・エンド」の三曲は、明らかなメドレーだ。

今でもポールはコンサートでやっている。リハーサルをしていたら、エンジニアが泣き出したという逸話もある。最後の最後に、「ジ・エンド」がある。これがビートルズだ。

〈二〇一八年三月号〉

本書について
松村さんの十一冊目

米田郷之

『ハウリングの音が聴こえる』は二〇二二年三月十二日に亡くなった、音楽評論家であり、作家、そして歌手（彼の表現に倣うと）だった松村雄策氏の十一冊目の著書となります。

これは文芸誌「小説すばる」（集英社）に二〇一四年四月号から二〇一八年三月号まで四年間にわたって掲載された同名の連載エッセイ四十四回分を全て収録（ただし、二〇一六年十月の松村さんの一回目の脳梗塞により、二〇一六年十二月号〜二〇一七年三月号では休載となっています）し、掲載順に並べたものです。前著『僕の樹には誰もいない』が「ロッキング・オン」二〇〇九年十二月号〜二〇二一年十一月号掲載分から編集担当者である私（米田）がセレクトしたものでしたから、時期的には『僕の樹には誰もいない』掲載分（の一部）と並行して書かれていたもの、ということになります。

単行本化に際しては掲載時のテキストを尊重しましたが、「我らはヘルス・エンジェルス」「音楽ディレクターという仕事」というタイトルは、元のものを少しだけ変えております。またルビを追加し、誤植などは訂正、あるいは原文を残したままの箇所は「〔編集部註〕」という形で言及しました。

雑誌の場合、例えば一月号掲載原稿を十二月、早ければ十一月中に書かなくてはいけないことがあります。「四十四年目に完成した名作」で松村さんも触れている「年末進行」というものですが、そこで本書においては掲載月号ではなく執筆時期で年ごとに区切って章に分けることにしました。

＊

私は、『僕の樹には誰もいない』の「本書について」で「……十一冊目、十二冊目が出て欲しいという気持ちだからです。これで終わりじゃないし、終わらせるつもりもないからです」と書いたものの、内容に関して具体的な考えはありませんでした。ただ、少しでも松村さんの残したものを本としてまとめていけたらいいな、それを少しずつでも積み重ねていきたいな、とだけ考えていました。

そんな中、二〇二三年の春くらいだったと思うのですが、ふとした拍子に、

「あっ、小説すばる！」

と頭に浮かんだのです。たしか、松村さんが何かを書いてなかったか？　と。

それを機に少しずつ思い出していきました。

「小説すばる」という名は、誘われて観にいった二〇一四年三月四日（火）のローリング・ス

トーンズ東京ドーム公演で待ち合わせた際に松村さんから聞いたのだと思います。私のスケジュール管理アプリには「ローリング・ストーンズ　松村さん　十八時　後楽園ホールの入ってるビルの一階」とあります。誘いの電話の時から、なんで松村さんがストーンズ？　と不思議に思っていたものです。

「今書いてる『小説すばる』の編集長が、一緒に行くつもりで買ってくれてたんだけど、彼が行けなくなっちゃって……」と説明された記憶があります。手渡されたチケットには確かに私の知らない方の名前が印刷してあって、「チケット買ってくれたのはこの人だったのか……」と心の中で感謝したのを覚えています。

私はそもそも松村さんが「小説すばる」に書いている（＝その時の私の認識では現在進行形でした）ことさえ知らなかったのですが、今思えば、時期的には連載開始の直前だったようです。余談になりますが、当日は開演時間が十八時半。これがポール・マッカートニーの公演ならグッズのこともあるからもっと早く待ち合わせしていたはずで、開演の三十分前なのはきっとストーンズだったから（笑）ではないかとも考えます。

思い出せたのはその程度で、連載がどのくらい続いたのか、いや、時期もタイトルさえも知りません。それで二〇一四年を中心に探してみました。いろいろ検索して、連載タイトルが「ハウリングの音が聴こえる」で、連載開始が二〇一四年四月号だということだけは判明しました。

そして、江東区立江東図書館が二〇一四年の「小説すばる」のバックナンバーを所蔵していることがわかり（他は一年前までの号のみ所蔵、というケースが多かった）、区民でなくとも簡単にコピーができることを電話で確認しました。

結局、ふたを開けてみたら、二〇一四年では終わらず、なんと四年間も続いて全部で四十四回あることがわかりました。文字数も一回あたり原稿用紙八枚（「ロッキング・オン」と同じくらい）で、全部で三百五十枚はあるという計算になりました（単行本一冊には十分な量です）。

松村雄策という人は、自分で論理を積み重ねながら、対象の核をぐっとつかんで表現するのがとてもうまい書き手です。

この連載でもそれは十二分に発揮され、冒頭からいつものように（?）ゆるゆるっと引き込まれて読み進めるうちにそのミュージシャンの本質が端的に表現されていく後半へと移り、読み終えて唸る――この繰り返しでした。

松村さんはこれまで多くのミュージシャンと作品を扱ってきました。この連載でも、もちろん独特の手グセというか松村雄策的表現というのが散見されますが、媒体が音楽専門誌ではないことを意識してか、一般の読者向けにもわかりやすくミュージシャンを、音楽を、曲を、そして松村さん自身を伝えようと配慮しているように感じられます。

それに、ビートルズに始まり（第一回「コージョライズ」）、ビートルズで終わる（最終回「それでは、皆さん、さようなら」）。昔からの読者にとっては、もうずるいよと言いたくなるような流れです。

特に後者の最後の一文――

　これがビートルズだ。

を目にした時、「これが松村さんだ」と私は泣きそうになりました。

また、『僕の樹には誰もいない』の「本書について」でも触れましたが、松村さんの他の著書にも共通して出てくる「〇年目の十二月八日」もここには「三十五年目の十二月八日」が入っており、本としてまとめて出せ、という神様の意向ではないかと思ったほどでした。

そういうわけで、この『ハウリングの音が聴こえる』がここにあるのです。

＊

本稿を書きはじめる直前のことですが、松村さんに関連してこんなことがありました。

二〇二三年十二月刊行『「タッグ・オブ・ウォー」世界のツナ缶大事典』はポール・マッカートニーのアルバム『タッグ・オブ・ウォー』の世界各国盤をまとめた図鑑です。とにかくものすごいポール愛にあふれた大著で、ファンの間で評判を呼んでいます。この中に、一九八二年三月二日のポールの日本プレス向けカンファレンスでのやりとりが掲載されていますが、これはその場に出席した松村さんが当時録音していたカセットテープ（写真入りで紹介されています）を元に作成されたものです（「パリに死す（上）」でもこの時の渡英について触れられています）。

さて、この本の著者の一人である梅市椎策さんから、驚くべき事実を聞きました（梅市さんは音声データまで送ってくださいました）。

それは、二〇〇四年十二月七日、初台のライヴハウス〈Ｔｈｅ ＤＯＯＲＳ〉で開かれた松村さんのトークイベント〈ジョン・レノンは、眠らない〉（ゲストは仲井戸麗市さん）において、観客の質問に答える形で松村さんが「『苺畑の午前五時』に続く小説のタイトルは『僕の樹には誰もいない』になる」旨の発言をしていた、ということでした。

以下、その部分を書き出します（テキストは梅市さん提供）――

質問：『苺畑の午前五時』のような小説を書く気はありませんか？

松村：半分ぐらい書き終わっておりまして、タイトルも決まっておりますけども、ただ、最後の詰めがまだ出来ていないということでですね、これはもう、タイトルは「僕の樹には誰もいない」という、「No one I think is in my tree」という、アレですね。このタイトル、使わないように、みんな（笑）。こういうの言うとですね、先に使われちゃうことがあるので（笑）。記憶喪失の女の人と男の物語で、五日間の物語です。ある年の六月二十九日から七月三日まで。ビートルズが日本に居た五日間、数十年後の五日間の話で、記憶喪失の女の人と主人公が悩み苦しむという話です。

初耳でした。

『僕の樹には誰もいない』の「本書について」にも書きましたが、私はこのタイトルを二〇二一年一月十七日の松村さんからの電話で初めて伝えられたのです。

ということは、イベントから丸十六年も経って忘れていた、あるいは最初は小説のために用意したものだったが、小説よりも先に出る十冊目の本に使うことにした……さまざまな理由が考えられますが、本当のところはよくわかりません。

とはいえ、松村さんがとても気に入っていて、ずっと温めていたのがこのタイトルであったろうことは容易に想像がつきます。

ビートルズが来日していた五日間をからめるという興味をそそられる設定のこの小説、半分まで書かれていた原稿はその後、どうなったのか。ご存じの方がいらっしゃるならぜひお聞きしたいです。また、もしもどなたかのお手元にあるのなら是非読んでみたいものです。

梅市椎策さんにはこの場をお借りして感謝を――ありがとうございました。

最後にもう一つ。

本稿を書きはじめるまでは、「ハウリングの音が聴こえる」について、松村さんの「ロッキング・オン」以外での初めての連載である、と思いこんでいたのですが、過去に「すばる」に連載があったことが判明しました。ただし、一、二年で終了し、セレクトされたものが一九九四年刊行の『悲しい生活』（ロッキング・オン）に収録されていることもわかりました。

とはいえ、この「ハウリングの音が聴こえる」が、「ロッキング・オン」での毎月のエッセイとほぼ同じ文字数で書かれた、「ロッキング・オン」及び音楽専門誌以外の「一般雑誌での初めての四年にわたる長期連載」であることには間違いありません。

＊

二〇二三年十一月、ビートルズの新曲という「ナウ・アンド・ゼン」及びいわゆる『赤盤』『青盤』の新たなリミックス曲を追加した「２０２３エディション」が発売となりました。

ビートルズは眠らない。まさに松村さんの著書のタイトル通りです。

今後も松村雄策という書き手の文章がなんらかの形で、かついつでも目にできるように残り、それにともなってさらにいろいろな事実や原稿、映像、音声テープなどの資料が出てくることを願うばかりです。

この次、十二冊目の松村さんの本が世に出ることも祈りつつ、終わりにします。

最後の最後になりましたが、連載を単行本化することをご快諾いただいた集英社様、そして『僕の樹には誰もいない』に続き今回もご理解とご協力をいただいたご遺族の方々に感謝申し上げます。

松村雄策（まつむら・ゆうさく）

一九五一年四月十二日、東京に生まれる。一九六六年、ビートルズの来日公演を日本武道館で体験。一九七二年、雑誌「ロッキング・オン」創刊に関わり、編集部を経てその後歌手デビュー、『UNFINISHED REMEMBERS』などの作品を残し、文筆家として長く活躍。加藤典洋、坪内祐三らに高く評価された。二〇一五年、元ジャックスのメンバー・水橋春夫らによる水橋春夫グループに参加、一時的ではあったが音楽活動に復帰した。二〇二二年三月十二日、病気のため永眠。書下し小説『苺畑の午前五時』の他、エッセイ集として『アビイ・ロードからの裏通り』『リザードー・キングの墓』『それがどうした風が吹く』『ビートルズは眠らない』他、監修・共著を除く生前の著作は九冊。二〇二二年十月、最後の十二年の結晶となるエッセイ集『僕の樹には誰もいない』が刊行。

ハウリングの音《おと》が聴《き》こえる

二〇二四年三月二〇日　初版印刷
二〇二四年三月三〇日　初版発行

著　者　松村雄策

発行者　小野寺優
発行所　株式会社河出書房新社
〒一五一－〇〇五一　東京都渋谷区千駄ヶ谷二－三二－二
電話　〇三－三四〇四－一二〇一［営業］
〇三－三四〇四－八六一一［編集］
https://www.kawade.co.jp/

組　版　株式会社創都
印　刷　株式会社暁印刷
製　本　小泉製本株式会社

Printed in Japan
ISBN978-4-309-03180-4

僕の樹には誰もいない

松村雄策

「音楽は続く。生きていこう」——
ビートルズ、ディラン、プロレス、
落語、ロッキング・オン……。
松村雄策、最後の12年間の
結晶が1冊に。

推薦＝鈴木慶一さん（ムーンライダーズ）&
藤本国彦さん（ビートルズ研究家）